MELHORES
POEMAS

Alphonsus de Guimaraens

Direção
EDLA VAN STEEN

MELHORES POEMAS

Alphonsus de Guimaraens

Seleção
ALPHONSUS GUIMARAENS FILHO

© ALPHONSUS DE GUIMARAENS

4ª EDIÇÃO, 2001
2ª REIMPRESSÃO, 2008

Diretor Editorial
JEFFERSON L. ALVES

Produção Gráfica
FRANCISCO CÁCERES

Projeto de Capa
MARCELO LAURINO

Revisão
ALICE APARECIDA DUARTE
VIRGINIA ARAÚJO THOMÉ
LEILA NUNES

Dados Internacionais de Catalogação na Publicação (CIP)
(Câmara Brasileira do Livro, SP, Brasil)

Guimaraens, Alphonsus de, 1870-1921.
  Melhores poemas de Alphonsus de Guimaraens /
Seleção de Alphonsus de Guimaraens Filho. – 4. ed.
São Paulo : Global, 2001. – (Melhores poemas)

ISBN 85-260-0338-0

1. Poesia brasileira I. Guimaraens Filho, Alphonsus
de, 1918- II. Título.

85-0464   CDD–869.915

Índices para catálogo sistemático:

1. Poesia : Século 20 : Literatura brasileira 869.915
2. Século 20 : Poesia : Literatura brasileira 869.915

Direitos Reservados

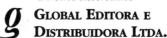

Rua Pirapitingüi, 111 – Liberdade
CEP 01508-020 – São Paulo – SP
Tel.: (11) 3277-7999 – Fax: (11) 3277-8141
e-mail: global@globaleditora.com.br
www.globaleditora.com.br

Colabore com a produção científica e cultural.
Proibida a reprodução total ou parcial desta obra
sem a autorização do editor.

Nº DE CATÁLOGO: **1584**

Alphonsus de Guimaraens Filho (*Afonso Henriques de Guimaraens na vida civil*) nasceu em Mariana, MG, em 3 de junho de 1918, filho do poeta Alphonsus de Guimaraens e de D. Zenaide Silvina de Guimaraens. Realizou os cursos primário, secundário e superior (este na Faculdade de Direito da Universidade de Minas Gerais) em Belo Horizonte. Foi jornalista e funcionário público, tendo-se aposentado em 1972 como Adjunto de Procurador, hoje Subprocurador Geral, do Tribunal de Contas da União. Residiu por muitos anos em Brasília. Publicou em 1940 *Lume de Estrelas*, poemas, livro laureado com dois prêmios, da Fundação Graça Aranha e da Academia Brasileira de Letras. Seguiram-se outros livros de poesia, como *Água do Tempo*, contemplado com o Prêmio Literário Nacional, do Instituto Nacional do Livro. Os últimos são *Discurso no Deserto* e *Nó*, Prêmio Jabuti, 1984; *Luz de Agora*, poemas, *Todos os Sonetos* e *O Tecelão do Assombro*. Alcançou ainda os seguintes prêmios: Luísa Cláudio de Sousa, do Pen Clube do Brasil, 1973, por *Absurda Fábula*; Manuel Bandeira, do *Jornal de Letras*, Rio de Janeiro, 1950, por *O Irmão*; e Prêmio Cidade de Belo Horizonte, 1954, por *O Mito e o Criador*. Reside no Rio de Janeiro. Pertence à Academia Mineira de Letras e ao Pen Clube do Brasil.

A obra poética de Alphonsus de Guimaraens, composta em três velhas cidades mineiras — Ouro Preto, Conceição do Serro e Mariana — e, parte dela, em São Paulo, ainda nos seus tempos de estudante, distingue-se pela unidade. Na temática, foi Alphonsus de Guimaraens essencialmente místico e cantor do amor e da morte. Na forma, um artista seguro, dominador absoluto do seu instrumento, dono de um verso plástico, ondulante e musical. Sua poesia apresenta-se dotada de intensa força sugestiva, numa linguagem vincadamente pessoal, que lhe confere lugar próprio em nossa literatura.

Nos versos líricos, acentua-se a presença de Constança, a filha de Bernardo Guimarães, sua prima e noiva tão cedo morta. Essa presença se impõe mais em Dona Mística e Câmara Ardente, *mas se estende em particular a alguns sonetos de* Pastoral aos Crentes do Amor e da Morte, *como aqueles iniciados pelos versos* Hão de chorar por ela os cinamomos *e* Estão mortas as mãos daquela Dona, *dos mais celebrados do poeta. A sombra da adolescente que "se morreu silente e fria" em 1888 acompanhou-o para sempre.*

Nos versos místicos, com a presença divina:

Ninguém anda com Deus mais do que eu ando,
Ninguém segue os seus passos como sigo.,

há a assinalar o seu culto a Maria, traduzido num livro inteiro,
Setenário das Dores de Nossa Senhora, *e levado até seu livro
final,* Pulvis. *O poeta mariano em Alphonsus de Guimaraens
— um dos lados mais destacados da sua personalidade — já se
anunciava no poema que abre* Kiriale, *seu primeiro livro:*

> É a lua... e a lua é Nossa-Senhora,
> São dela aquelas cores de Santa!

*Nesses versos está outro aspecto da sua obra, ou seja, o do
poeta do luar. Na verdade o luar inunda a sua poesia e dois
versos podem mostrar como Alphonsus de Guimaraens via a lua
e a viva presença dela na sua sensibilidade:*

> Era noite de lua na minh'alma.
> A hóstia da lua entrou-me dentro da alma.

*No seu derradeiro poema, "Últimos Versos", escrito na
véspera da sua morte, é para a lua que se volve, comovidamente,
comparando-a, aí, a Santa Teresa de Jesus, a cujo nome já alu-
dira em* Dona Mística, *ao lembrar-se da noiva morta. Como
assinalou Manuel Bandeira, o nome da grande santa remata a
obra poética de Alphonsus de Guimaraens.*

Poeta da morte, alquimista da morte: *assim se definiu Al-
phonsus de Guimaraens. A morte é, com efeito, uma nota cons-*

8

tante na sua poesia. Abriu ele com estes versos um dos sonetos de Pulvis:

Sempre vivi com a morte dentro da alma,
Sempre tacteei nas trevas de um jazigo.

Voltava-se para o real duro e áspero: ao mundo chamou charco sangrento e exílio de lodo; mas se voltava também para uma realidade superior:

E aos astros de tal modo o Poeta ascende em calma,
Que o céu fica menor do que o azul da sua alma,
E nem cabe no céu a luz do seu olhar. . .

Sua vida foi aos poucos se tornando mais preocupante, a ele que, como disse numa carta a Mário de Alencar, não conseguiu passar de "simples e temporário juiz municipal", com as conseqüentes incertezas de uma recondução quatrienal (uma vez não foi reconduzido, quando ainda morava em Conceição do Serro), e rendimentos invariáveis. O que lhe coube viver com as crescentes dificuldades de ordem material em face dos também crescentes encargos de, uma família numerosa, já foi suficientemente descrito por João Alphonsus na sua "Notícia Biográfica". "Ao mesmo tempo que o desalento o ganhava diante

9

da vida material, a poesia era o grande consolo, e menos amar-
ga, e menos desiludida, do que a da mocidade...", observou
seu filho no citado trabalho. Poesia que reflete, de resto, a sua
vida, como, com freqüência, o ambiente que o inspirou:

.... em cada sino o dobre
Que me diz que sou velho, e que inda sou criança,
Que sou rico demais para morrer tão pobre.

....

O silêncio infinito não me aterra,
Mas a dúvida põe-me alucinado...
Se encontro o céu deserto como a terra!

....

Noites de luar nas cidades mortas,
Casas que lembram Jerusalém...

....

Toda a triste cidade
É um cemitério...
Há um rumor de saudade
E de mistério.

Na sua solidão imensa ("só, completamente só, nestes mí-
seros sertões mineiros!" — como escreveu em outra carta a Mário

10

de Alencar), dentro de uma visão dorida, mas transfigurada, da existência, à meditação da poesia se dedicou em grande parte Alphonsus de Guimaraens.

Alphonsus de Guimaraens Filho

POEMAS

Initium

Ao meu primo Horácio Bernardo Guimarães

Tanta agonia, dores sem causa,
E o olhar num céu invisível posto...
Prantos que tombam sem uma pausa,
Risos que não chegam mais ao rosto...

Noites passadas de olhos abertos,
Sem nada ver, sem falar, tão mudo...
Alguém que chega, passos incertos,
Alguém que foge, e silêncio em tudo...

Só, perseguido de sombras mortas,
De espectros negros que são tão altos...
Ouvindo múmias forçar as portas,
E esqueletos que me dão assaltos...

Só, na geena deste meu quarto
Cheio de rezas e de luxúria...
Alguém que geme, dores de parto,
— Satã que faz nascer uma fúria...

E ela que vem sobre mim, de braços
Escancarados, a agitar as tetas...
E nuvens de anjos pelos espaços,
Anjos estranhos com as asas pretas...

E o inferno em tudo, por tudo o abismo
Em que se me vai toda a coragem. . .
"Santa Maria, dá-me o exorcismo
Do teu sorriso, da tua imagem!"

E os pesadelos fogem agora. . .
Talvez me escute quem se levanta:
É a lua. . . e a lua é Nossa-Senhora,
São dela aquelas cores de Santa!

Luar sobre a cruz da tua cova

Sonhei que estava no eremitério,
Rezando sempre rezas de cor.
E como o luar clareasse o chão do cemitério,
Pensei num mundo que é talvez melhor.

Branca de linho como um fantasma,
A torre grande era só tristeza.
E como envolta em luar, muito magoada e pasma,
Estava ao longe não sei que Princesa.

Era talvez a Desesperança,
Com o seu cortejo de sonhos maus.
(Demônios, dai começo à vossa contradança,
Vinde cantar os lânguidos solaus!)

"Certo o coração de tudo esquece,
Quando muitos anos são passados..."
E eu não te esqueço mais, alma da minha prece,
Que voaste para os mundos encantados!

"Eu sei que o amor sempre se renova,
E que ninguém pode viver só..."
E como o luar clareasse a cruz da tua cova,
Vi o meu sonho transformado em pó.

Ocaso

(Impressões de vésperas de Finados)

A Jacques d'Avray

Perdido como estou nesta grande charneca,
Cheio de sede, cheio de fome,
Disse-me Deus: "Sê bom!" E o Diabo diz-me: "Peca!"
E anjos e demônios repetem o meu nome.

O cemitério está, nas glórias deste ocaso,
Cheio de leitos como um hospital.
Eu sonho que estou morto e sonho que me caso...
Vou vestido de noivo e coberto de cal.

Eis o que vejo além nas glórias deste ocaso:

Mulheres velhas e mulheres novas,
Homens e crianças vão levando flores.
Não há coroas para tantas covas,
E nem há prantos para tantas dores.

Se este padre vai para o meu enterro,
Deixai-o caminhar bem devagar.
O cemitério está no alto daquele cerro...
Que ele não possa, ó Deus, nunca mais lá chegar!

Se este carpinteiro que me segue,
Apronta as tábuas do meu caixão,
Fazei, Senhor meu Deus, com que ele cegue
Antes de aprontar o meu caixão.

Se estes senhores de tão negras calças
E de sobrecasacas tão modernas,
Querem pegar, tristíssimos, nas alças
(Pois se olham de tal modo quando eu passo),
Fazei, Senhor meu Deus, com que as suas pernas
Não possam dar mais um passo.

(Alguém agita sudários no poente.)

Se este coveiro agora mesmo
Cavava a minha cova inexistente,
Cantando e soluçando,
Fazei, Senhor meu Deus, com que ele agora mesmo
Caia na cova que está cavando.

Se a costureira que ali trabalha,
Em vez de uma camisa de noivado,
Vem oferecer-me esta mortalha,

Que ela não tenha, ó Deus, no leito em que repousa,
Nem a camisa branca do noivado,
Nem um noivo que a queira por esposa.

Se estes sinos vão dobrar por mim,
Se este é o momento do meu enterro,
Fiquem os sinos a esperar por mim...
Que eu nunca alcance, ó Deus, o alto daquele cerro!

Náufrago

E temo, e temo tudo, e nem sei o que temo.
Perde-se o meu olhar pelas trevas sem fim.
Medonha é a escuridão do céu, de extremo a extremo...
De que noite sem luar, mísero e triste, vim?

Amedronta-me a terra, e se a contemplo, tremo.
Que mistério fatal corveja sobre mim?
E ao sentir-me no horror do caos, como um blasfemo,
Não sei por que padeço, e choro, e anseio assim.

A saudade tirita aos meus pés: vai deixando
Atrás de si a mágoa e o sonho... E eu, miserando,
Caminho para a morte alucinado e só.

O naufrágio, meu Deus! Sou um navio sem mastros.
Como custa a minha alma a transformar-se em astros,
Como este corpo custa a desfazer-se em pó!

Succubus

Às vezes, alta noite, ergo em meio da cama
O meu vulto de espectro, a alma em sangue, os cabelos
Hirtos, o torvo olhar como raso de lama,
Sob o tropel de um batalhão de pesadelos.

Pelo meu corpo todo uma Fúria de chama
Enrosca-se, prendendo-o em satânicos elos:
— Vai-te, Demônio encantador, Demônio ou Dama,
Loira Fidalga infiel dos infernais Castelos!

Como um danado em raiva horrenda, clamo e rujo:
Hausto por hausto aspiro um ar de enxofre: tento
Erguer a voz, e como um réptil escabujo.

— Quem quer que sejas, vai-te, ó tu que assim me
[assombras!
Acordo: o céu, lá fora, abre o olhar sonolento,
Cheio da compunção dos luares e das sombras.

Santo Graal

Se a tentação chegar, há de achar-me rezando
Na erma Tebaida do meu sonho solitário.
(Miséria humana, humano vício miserando,
Não haveis de poluir as hóstias no Sacrário...)
Se a tempestade vier, há de achar-me chorando,
E como dobrareis, sinos do Campanário!
Subirei à montanha eleita orando, orando...
(Não és tão longa assim, ladeira do Calvário!)

Se a tentação chegar, há de achar-me de joelhos,
(Miséria humana, humanidade miseranda...)
Maldizendo a traição dos seus lábios vermelhos.

Se a tempestade vier, e eu cair, nesse dia
Piedosamente irei pela terra em demanda
De ti, ó Santo Graal, Vaso da Eucaristia!

S. Bom Jesus de Matozinhos

Nostre Seigneur tel est, tel le confesse.
En ceste foy je vueil vivre et mourir.

F. Villon

A José Severiano de Resende, Presbít.

S. Bom Jesus de Matozinhos
Fez a Capela em que o adoramos
No meio de árvores e ramos
Para ficar perto dos ninhos.

É como a Igreja de uma aldeia,
Tão sossegada e tão singela...
As moças, quando a lua é cheia,
Sentam-se à porta da Capela.

Vai-se pela ladeira acima
Até chegar no alto do morro.
Tão longe... mas quem desanima
Se Ele é o Senhor do Bom-Socorro!

Tem tanto encanto a sua Igreja,
Paz que nos é tão familiar,
Que é impossível que se não seja
Um bom cristão em tal lugar.

Alegrias mais que terrestres
Murmuram hinos pelas naves.
No adro, quantas flores silvestres,
Nas torres, quantos vôos de aves...

E atrás da Igreja o cemitério
Floresce cheio de jazigos.
Os próprios mortos, que mistério!
Vivem na paz de bons amigos.

Quando o Jubileu se aproxima,
Ai! quanta gente sobe o morro...
Tão longe... mas quem desanima
Se Ele é o Senhor do Bom-Socorro!

Velhas de oitenta anos contados
Querem vê-lo no seu altar.
Braços abertos, mas pregados,
Que nos não podem abraçar.

Entrevados de muitos anos,
Vão de rastros pelos caminhos
Olhar os olhos tão humanos
De Bom Jesus de Matozinhos.

Saem dos leitos, como de essas,
Espectros cheios de esperança,
E vão cumprir loucas promessas,
Pois de esperar a fé não cansa.

Vinde, leprosos do grande ermo,
Almas que estais dentro de lodos:
Que o Bom Jesus recebe a todos,
Ou seja o são ou seja o enfermo.

Almas sem rumo como as vagas,
Vinde rezar, vinde rezar!
Se Ele também tem tantas chagas,
Como não há de vos curar...

Direis talvez: "Chegar lá em cima...
Antes de lá chegar eu morro!
Tão longe..." Mas quem desanima
Se Ele é o Senhor do Bom-Socorro!

Foi pelo meado de setembro,
No Jubileu, que eu vim amá-la.
Ainda com lágrimas relembro
Aqueles olhos cor de opala...

Era tarde. O sol no poente
Baixava lento. A noite vinha.
Ela tossia, estava doente...
Meu Deus, que olhar o que ela tinha!

Ela tossia. Pelos ninhos
Cantava a noite, toda luar.
S. Bom Jesus de Matozinhos
Olhava-a como que a chorar...

Ó lábios que sereis de lodo e poeira...*

Ó lábios que sereis de lodo e poeira,
Que intangível desejo vos abate?
Que ânsia suprema, na hora derradeira,
Em silêncio vos livra esse combate?

Quereis falar, e quietos sois: na inteira
Mudez do coração que já não bate,
Por debaixo de vós ri-se a caveira,
Lábios que fostes flamas de escarlate.

Se frios como neve estais agora,
Com saudades de beijos que não destes,
Alegrai-vos na dor que vos descora.

Cerrai-vos para sempre em doce calma:
Que os beijos dados, e ainda os mais celestes,
Nunca deixam vestígios na nossa alma...

---

* Denominamos com o primeiro verso aqueles poemas que trazem apenas como título um número indicativo da ordem em que figuram nas secções a que pertencem.

Braços abertos, uma cruz... Basta isto...

Braços abertos, uma cruz... Basta isto,
Meu Deus, na cova abandonada e estreita
Onde repouse quem te for benquisto,
Corpo duma alma que te seja afeita.

É o Justo. As chagas celestiais de Cristo
Beijam-lhe mãos e pés: purpúreo deita
O pobre lado traspassado o misto
De água e de sangue. É o Justo. Eis a alma eleita.

A coroa de espinhos irrisória
Magoa-lhe a cabeça, e pelas costas
Cai-lhe o manto dos reis em plena glória...

Glória de escárnio o manto extraordinário:
Mas quem me dera um dia, de mãos postas,
Nele envolver-me como num sudário!

Celeste... É assim, divina, que te chamas...

Celeste... É assim, divina, que te chamas.
Belo nome tu tens, Dona Celeste...
Que outro terias entre humanas damas,
Tu que embora na terra do céu vieste?

Celeste... E como tu és do céu não amas:
Forma imortal que o espírito reveste
De luz, não temes sol, não temes chamas,
Porque és sol, porque és luar, sendo celeste.

Incoercível como a melancolia,
Andas em tudo: o sol no poente vasto
Pede-te a mágoa do findar do dia.

E a lua, em meio à noite constelada,
Pede-te o luar indefinido e casto
Da tua palidez de hóstia sagrada.

Pálida, de uma palidez sublime. . .

Pálida, de uma palidez sublime,
E tão sentimental que enleva e espanta:
Santa Teresa de Jesus sorri-me
Naquela suave palidez de Santa.

Há como um luar celeste que a redime
No exílio nosso onde a impureza é tanta:
A religiosa luz de um claustro exprime
O clarão que, cercando-a, se levanta.

E vagueia por ela toda, em suma,
Alguma cousa de além-vida, alguma
Cousa que me é saudosamente triste. . .

Oh a minha doce, a minha doce amada. . .
Beija-lhe a branca face macerada
A palidez de quem já não existe.

Foi assim que eu a vi. Desse momento. . .

Foi assim que eu a vi. Desse momento
A lembrança tranqüila vem-me do alto,
— Sonho de rosas num país nevoento,
De que afinal acordo em sobressalto.

Fugiu-me essa visão: de novo tento
Firmar os passos para um novo assalto.
Mas que farás, pobre homem sem alento,
Tu, cego da Alma e de coragem falto!

Que farás, coração que te magoas,
Na tua timidez contemplativa,
Só, tão longe das Almas que são boas!

Que farás, Alma, tu que louca e pasma,
Seguindo embora o rastro de uma viva,
Beija os passos longos de um fantasma!

Jesus, eu sei que ela morreu. Viceja...

Jesus, eu sei que ela morreu. Viceja,
Cheia das rosas pálidas do outono,
A sua cova ao pé de alguma Igreja:
Quero dormir o mesmo eterno sono.

Nada por mim, tudo por ela seja!
Senhor Jesus, meu Santo e meu Patrono,
Dá que em breve a minha Alma humilde a veja,
Junto de ti, na glória do teu Trono.

Dá que a minha Alma a veja, breve, breve,
Dama de honor da tua Mãe sublime,
Vestida de ouro com florões de neve.

Quero outra vez dizer com mágoa tanta:
Santa Teresa de Jesus sorri-me
Naquela suave palidez de Santa.

O mistério imortal das olheiras de opala...

O mistério imortal das olheiras de opala,
Onde vagueiam a dor dos seus olhos proibidos,
Manda que venham terra e céu para adorá-la...
Morre no seu olhar a vida dos sentidos.

Mesmo calada, quem a vê julga escutá-la,
Pois canta o seu olhar pelos nossos ouvidos.
De que estrela lhe desce a voz? Quando se cala,
Que rumor de orações nos olhos doloridos!

Não existe cá embaixo uma expressão humana
Capaz de definir-lhe o grande olhar tristonho;
E quem a vê, ou sonha uma estátua romana,

Marmoreamente branca, imaculada e fria,
Ou tem por entre o nimbo estrelado do sonho
A áurea Revelação de outra Virgem Maria.

Quantas vezes no caos destes meus longos dias...

Quantas vezes no caos destes meus longos dias
Eu ouço a tua voz de perdão e de queixa,
E te vejo surgir, à hora em que aparecias,
Solta a faixa da tua ensombrada madeixa!

Tarde louca de abril; gemem ave-marias
Pelas naves; o luar o mundo inteiro enfeixa
Num ramalhete de ouro estelar: nostalgias
Que o ocaso em funeral pelo infinito deixa.

Do alto onde estás, volves o teu olhar clemente;
Andas no céu. Toda a minha Alma é um sol no poente,
Onde morre a visão dos meus dias felizes...

Uma saudade cruel o coração me corta;
Recordo-me de ti como de alguma morta
Que me tivesse amado em longínquos países...

35

Encontrei-te. Era o mês... Que importa o mês? agosto...

Encontrei-te. Era o mês... Que importa o mês? agosto,
Setembro, outubro, maio, abril, janeiro ou março,
Brilhasse o luar, que importa? ou fosse o sol já posto,
No teu olhar todo o meu sonho andava esparso.

Que saudades de amor na aurora do teu rosto,
Que horizonte de fé no olhar tranqüilo e garço!
Nunca mais me lembrei se era no mês de agosto,
Setembro, outubro, maio, abril, janeiro ou março.

Encontrei-te. Depois... depois tudo se some:
Desfaz-se o teu olhar em nuvens de ouro e poeira...
Era o dia... Que importa o dia, um simples nome?

Ou sábado sem luz, domingo sem conforto,
Segunda, terça ou quarta ou quinta ou sexta-feira,
Brilhasse o sol, que importa? ou fosse o luar já morto!

Nem luz de astro nem luz de flor somente: um misto...

Nem luz de astro nem luz de flor somente: um misto
De astro e flor. Que olhos tais e que tais lábios, certo,
(E só por serem seus) são muito mais do que isto...
Ela é a tulipa azul do meu sonho deserto.

Onde existe, não sei, mas quero crer que existo
No mesmo nicho astral entre luares aberto,
Em que branca de luz sublime a tenho visto,
Longe daqui talvez, talvez do céu bem perto.

Ela vem, (sororal!) vibrante como um sino,
Despertar-me no leito: ouro em tudo, — na face
De anjo morto, na voz, no olhar sobredivino.

Nasce a manhã, a luz tem cheiro... Ei-la que assoma
Pelo ar sutil... Tem cheiro a luz, a manhã nasce...
Oh sonora audição colorida do aroma!

Rimance de Dona Celeste

Emen-hétan! Emen-hétan!

I

— Satã, onde a puseste?
Busco-a desde a manhã.
Ó pálida Celeste...
Satã! Satã! Satã!

E o Cavaleiro andante,
A toda, a toda a rédea,
Passa em busca da Amante
Pela noite sem luar da Idade Média.

— O vento ulula e chora..
Maldição! maldição!
A quem amar agora,
Meu pobre coração...

E o Cavaleiro passa
Ante a sombria porta
Da lúgubre Desgraça,
Silenciosa mulher de olhar de morta.

— Viste, velha agoureira,
O Anjo do meu solar?
— Ah! com uma Feiticeira
Ela acaba de passar...

E bate o Cavaleiro
A outra porta escura:
É a casa do coveiro,
Solitária como uma sepultura.

— Quem sabe! acaso, acaso,
O meu anjo morreu?
— Fidalgo, morre o ocaso,
Não posso enterrá-lo eu!

Louco, às trevas pergunta:
Sombras pelos caminhos
Dizem que ela é defunta...
E ele começa a interrogar os ninhos.

— Acaso, acaso a viste,
Meu suave ruscinol?
— Ouves a endecha triste?
Bem vês que não vi o sol.

E o Cavaleiro escuta
Longe o estertor de um pio...
Talvez a voz poluta
E irônica de algum mocho erradio.

— O teu Anjo finou-se
Ao beijo de Satã...
Ai! do seu lábio doce,
Mais doce que a manhã!

Tinem arneses: voa
O cavaleiro andante
A toda a rédea, à toa...
Não acharás, Fidalgo, a tua amante!

II

— Satã, onde a puseste?
Que íncubo a fanou já?
— A pálida Celeste...
Ei-la no meu Sabá.

Noiva

N'as-tu pas senti le gout des éternelles amours?

H. de Balzac

Noiva... minha talvez... pode bem ser que o sejas,
Não me disseste ao certo o dia em que voltavas.
O céu é claro como o teto das igrejas:
Vens de lá com certeza. Humildes como escravas,

Curvadas ainda estão as estrelas morosas;
E bem se vê que algum excelso vulto branco
Passou por elas, entre arcarias de rosas,
Revolto o manto de ouro, afagando-lhe o flanco.

Há tanto tempo que te espero, e espero embalde...
Não sabia que assim tão diferente vinhas.
Tinhas negro o cabelo: entanto a nuvem jalde,
Que o doura todo, o faz tão outro do que tinhas!

Quando morreste, o sol era morto, e ainda agora
Para mim se prolonga essa noite de guerra...
Acaso vens com o teu olhar de eterna aurora
Aclará-la outra vez, vindo de novo à terra?

Vejo-te a imagem tão destacada no fundo
Deste meu sonho, que é como se eu não sonhasse...
Cheio da nostalgia estelar de outro mundo,
Tem as mágoas de um astro o palor da tua face.

Caminhas, e os teus pés sublimes nem de leve
Tocam a flor do solo: o ar impalpável pisas.
Ora se abaixa, ou se ergue o teu corpo de neve...
Parece que te vão berçando auras e brisas.

O peristilo arcual da tua boca se move:
Soabre-se: a fulva luz que a ilumina contemplo...
Falas: como me pasma e inebria e comove
Toda a púrpura real do interior desse templo!

Parece que um hinal de suaves litanias
Acompanha a tua voz nas palavras que soltas.
Não sabia que assim tão outra voltarias:
Eras de negro olhar, de olhar azul tu voltas.

Que me admira se vens de olhar azul e louro
Cabelo? Não é a mesma a tua formosura?
Voltas do céu, e a cor celestial é azul e é ouro,
E é todo este clarão que a imagem te moldura.

Noiva... minha talvez... e por que não? Setembro
Volta. Setembro é o mês das laranjeiras castas.
Vens de grinalda branca, a voar... Ah! bem me lembro:
A veste com que foste é a mesma que hoje arrastas.

42

Foste de branco e vens de branco ainda trajada.
A túnica nupcial que em níveas dobras desce
Pelo teu corpo, tem a brancura sagrada
Dos alvos corporais do altar exposto à prece.

O parélio do gênio imortal que te anima
Surge no resplandor que te aureola a cabeça.
Atenta escutas os meus versos rima a rima,
E mandas que em cada um a tua Alma apareça.

Quero abraçar-te e nada abraço... O que me assombra
É que te vejo e não te encontro com os meus braços.
Morta, beijei-te um dia: hoje tu és uma sombra
Exilada do céu para seguir-me os passos.

Canção de núpcias

Que céu tão cheio de véus de noivas,
Que céu tão cheio de véus de viúvas...
Oh luar sublime, com quem te noivas?
Oh noite triste, de quem te enviúvas?

Senhora minha, deusa das noivas,
De cauda branca, de brancas luvas,
Por que de flores roxas engoivas
As tranças negras da cor das uvas?

Olhos tão cheios de véus de noivas,
Olhos tão cheios de véus de viúvas...
Senhora minha, com quem te noivas?
Antes eu diga — de quem te enviúvas?

Não chores nunca, deusa das noivas!
Um céu turvado, cheio de chuvas...
Por que de prantos roxos engoivas
Os olhos negros da cor das uvas?

A suave castelã das horas mortas...

A suave castelã das horas mortas
Assoma à torre do castelo. As portas,

Que o rubro ocaso em onda ensangüentara,
Brilham do luar à luz celeste e clara.

Como em órbitas de fatais caveiras
Olhos que fossem de defuntas freiras,

Os astros morrem pelo céu pressago...
São como círios a tombar num lago.

E o céu, diante de mim, todo escurece...
E eu que nem sei de cor uma só prece!

Pobre Alma, que me queres, que me queres?
São assim todas, todas as mulheres.

Ouvindo um trio de violino, violeta e violoncelo

Simbolicamente vestida de roxo
(Eram flores roxas num vestido preto)
Tão tentadora estava que um diabo coxo
Fez rugir a carne no meu esqueleto.

Toda a pureza do meu amor por ela
    Se foi num sopro tombar no pó.
Os seus olhos intercederam por ela...

Mais uma vez eu vi que não me achava só.

Simbolicamente vestida de roxo
(Talvez saudade de vida mais calma)
Tão macerada estava que a asa de um mocho
Adejou agoureira pela minha Alma.

Todos os sonhos do meu amor por ela
    Vieram atormentar-me sem dó.
Mas ninguém na terra intercedeu por ela...

Para divinizá-la era bastante eu só.

Quando por mim passaste. . .

Quando por mim passaste
Pela primeira vez,
Como eu sorrisse, tu coraste.

O sol estava abrasador.
E eu disse então: "Talvez, talvez
Fosse o calor."

Quando por mim passaste
Pela segunda vez,
Como que pálida ficaste.

Nascia a lua, devagar.
E eu disse então: "Talvez, talvez
Fosse o luar."

Ária do luar

O luar, sonora barcarola,
Aroma de argental caçoula,
Azul, azul em fora rola. . .

Cauda de virgem lacrimosa,
Sobre montanhas negras pousa,
Da luz na quietação radiosa.

Como lençóis claros de neve,
Que o sol filtrando em luz esteve,
É transparente, é branco, é leve.

Eurritmia celestial das cores,
Parece feito dos menores
E mais transcendentes odores.

Por essas noites, brancas telas,
Cheias de esperanças de estrelas,
O luar é o sonho das donzelas.

Tem cabalísticos poderes
Como os olhares das mulheres:
Melancoliza e enerva os seres.

Afunda na água o alvo cabelo,
E brilha logo, algente e belo,
Em cada lago um sete-estrelo.

Cantos de amor, salmos de prece,
Gemidos, tudo anda por esse
Olhar que Deus à terra desce.

Pela sua asa, no ar revolta,
Ao coração do amante volta
A Alma da amada aos beijos solta.

Rola, sonora barcarola,
Aroma de argental caçoula,
O luar, azul em fora, rola. . .

Lua-nova

Pobre lua-nova tão pequena,
Pelo infinito do céu perdida,
Tão magoada, tão cheia de pena,
Da cor de uma menina sem vida...

Pobre lua-nova, quem te pôs
Tão nua assim num salão tamanho,
Com o corpo cheio de pó de arroz,
Como um anjo que saiu do banho?

Que mãe sem alma (se faz tal frio!)
Te deixou nua num céu como este?
Caíram todos na água do rio
Os vestidos de luar que perdeste...

Vela-te, pois, e vai-te esconder
Atrás das nuvens, ó lua-nova.
Se estás tão branca, se vais morrer,
Dentro das nuvens tens uma cova.

Cova de arminho, cova de neve,
Berço onde o olhar do bom Deus flutua...
Como o teu corpo, que é assim tão leve,
Vai ficar bem, pequenina lua!

Logo depois ressuscitarás:
Serás então já mulher completa,
De seios brancos de amor e paz,
Deusa da noite, visão do asceta.

E serão de neve os teus noivados,
Terás grinaldas brancas de areia...
Menina lua, dias passados,
Serás a senhora lua-cheia.

Portas de Catedral em Sexta-feira Santa...

Portas de Catedral em Sexta-feira Santa,
Grandes olhos cristãos piedosamente erguidos
Para o Altar onde a Glória imorredoira canta...
Brandos violões, brandos violinos dos sentidos:

Campo-santo onde flore a imarcescível planta
Do Amor que espera sempre os beijos prometidos,
E na hora vesperal, quando o luar se levanta,
Perfume para o olfato e som para os ouvidos:

Torres de eremitério onde os dobres dos sinos
Parecem prolongar um réquiem surdo e frouxo,
Um responso de morte acompanhado de hinos:

Grandes olhos cristãos de olheiras de veludo,
Altares quaresmais enfeitados de roxo,
Benditos para sempre Onde revive tudo!

Olhos sublimes, onde os Anjos cantam salmos...

*Per istam Sanctam Unctionem, et suam piis-
simam misericordiam, indulgeat tibi Dominus
quidquid peccasti per visum, per auditum, per
odoratum, per gustum, per tactum, per in-
cessum...*

Olhos sublimes, onde os Anjos cantam salmos
Longe do resplendor das paixões transitórias:
E vós, conchas do Amor de Deus, ouvidos almos,
Que nada ouvistes a não ser hinos e glórias:

Lábios em oração, dolentemente calmos,
Que repetistes sempre as Sagradas Memórias:
Vós, brancas mãos, que já tínheis medido os palmos
Da cova incerta, vós, brancas mãos incorpóreas:

Pés doloridos, pés de arminho, acostumados
A caminhar por sobre o chão dos cemitérios
E de pisar no mundo impuro fatigados:

Lábios pungentes, mãos e pés, olhos e ouvidos,
Quietos e frios para sempre entre mistérios,
Por toda a Eternidade eternamente ungidos!

Hirta e branca. . . Repousa a sua áurea cabeça. . .

Hirta e branca. . . Repousa a sua áurea cabeça
Numa almofada de cetim bordada em lírios.
Ei-la morta afinal como quem adormeça
Aqui para sofrer Além novos martírios.

De mãos postas, num sonho ausente, a sombra espessa
Do seu corpo escurece a luz dos quatro círios:
Ela faz-me pensar numa ancestral Condessa
Da Idade Média, morta em sagrados delírios.

Os poentes sepulcrais do extremo desengano
Vão enchendo de luto as paredes vazias,
E velam para sempre o seu olhar humano.

Expira, ao longe, o vento, e o luar, longinquamente,
Alveja, embalsamando as brancas agonias
Na sonolenta paz desta Câmara-ardente. . .

Caiu sobre o teu corpo a última pá de terra...

Caiu sobre o teu corpo a última pá de terra,
E ninguém surge aqui para velar-te o sono!
E depois, neste Morro onde a Alma em sonhos erra,
A Cruz tombada, e a cova a florir no abandono...

O luar, que viste em vida, irá, de serra em serra,
Clareando a mesma noite; o sol fulvo do outono
Há de dormir, sempre ao clamor da mesma guerra,
Num esquife de luz para erguer-se num trono.

Outros dias virão cantando o mesmo hinário
E outras noites chorando o mesmo luar que sigo,
E onde vejo ondular o teu longo sudário...

Dentro de mim, porém, há de morrer, profundo,
O poente em funeral do teu olhar antigo,
Para não mais ressuscitar aqui no mundo...

Responsorium

Alma que teve quem dela se recordasse
Na ignóbil terra infiel onde tudo se esquece:
Requiescat in pace.

Corpo a esperar que o Noivo-Esperado chegasse,
Rosa autunal que o sol do Amor não mais aquece:
Requiescat in pace.

Olhar que se apagou sem que nunca pecasse,
Ciliciado altair que entre luares floresce:
Requiescat in pace.

Lábio que dera a quem neste mundo a beijasse
A luz espiritual de uma longínqua prece:
Requiescat in pace.

Beijo, fruto estival que lhe floriu na face,
Evocador de tão prometedora messe:
Requiescat in pace.

Cabelo, pôr-do-sol que entre neves brilhasse,
Nuvem dispersa além quando a tarde anoitece:
Requiescat in pace.

Alma que teve quem dela se recordasse
Na ignóbil terra infiel onde tudo se esquece:
Requiescat in pace.

Antífona

Volvo o rosto para o teu afago,
Vendo o consolo dos teus olhares. . .
Sê propícia para mim que trago
Os olhos mortos de chorar pesares.

A minha Alma, pobre ave que se assusta,
Veio encontrar o derradeiro asilo
No teu olhar de Imperatriz augusta,
    Cheio de mar e de céu tranqüilo.

Olhos piedosos, palmas de exílios,
Vasos de goivos, macerados vasos!
Venho pousar à sombra dos teus cílios,
    Que se fecham sobre dois ocasos.

Volvo o peito para as tuas Dores
    E o coração para as Sete Espadas. . .
Dá-me, Senhora, para os teus louvores
A paz das Almas bem-aventuradas.

Dá-me, Senhora, a unção que nunca morre
    Nos pobres lábios de quem espera:
    Sê propícia para mim, socorre
Quem te adorara, se adorar pudera!

Mas eu, a poeira que o vento espalha,
O homem de carne vil, cheio de assombros,
O esqueleto que busca uma mortalha,
Pedir o manto que te envolve os ombros!

Adorar-te, Senhora, se eu pudesse
Subir tão alto na hora da agonia!
Sê propícia para a minha prece,
Mãe dos aflitos...
Ave, Maria.

Nossa-Senhora vai. . . Céu de esperança. . .

Nossa-Senhora vai. . . Céu de esperança
Coroando-lhe o perfil judaico e fino. . .
E um raio de ouro que lhe beija a trança
É como um grande resplandor divino.

O seu olhar, tão cheio de ondas, lança
Clarões longínquos de astro vespertino.
Sob a túnica azul uma alva Criança
Chora: é o vagido de Jesus Menino.

Entram no Templo. Um hino do Céu tomba.
Sobre eles paira o Espírito celeste
Na forma etérea de invisível Pomba.

Diz-lhe o velho Simeão: "Por uma Espada,
Já que Ele te foi dado e que O quiseste,
A Alma terás, Senhora, traspassada. . ."

Em teu louvor, Senhora, estes meus versos. . .

Em teu louvor, Senhora, estes meus versos,
E a minha Alma aos teus pés para cantar-te.
E os meus olhos mortais, em dor imersos,
Para seguir-te o vulto em toda a parte.

Tu que habitas os brancos universos,
Envolve-me de luz para adorar-te,
Pois evitando os corações perversos
Todo o meu ser para o teu seio parte.

Que é necessário para que eu resuma
As Sete Dores dos teus olhos calmos?
Fé, Esperança, Caridade, em suma.

Que chegue em breve o passo derradeiro:
Oh! dá-me para o corpo os Sete Palmos,
Para a Alma, que não morre, o Céu inteiro!

Mãos que os lírios invejam, mãos eleitas...

Mãos que os lírios invejam, mãos eleitas
Para aliviar de Cristo os sofrimentos,
Cujas veias azuis parecem feitas
Da mesma essência astral dos olhos bentos:

Mãos de sonho e de crença, mãos afeitas
A guiar do moribundo os passos lentos,
E em séculos de fé, rosas desfeitas
Em hinos sobre as torres dos conventos:

Mãos a bordar o santo Escapulário,
Que revelastes para quem padece
O inefável consolo do Rosário:

Mãos ungidas no sangue da Coroa,
Deixai tombar sobre a minha Alma em prece
A bênção que redime e que perdoa!

Doce consolação dos infelizes...

Doce consolação dos infelizes,
Primeiro e último amparo de quem chora,
Oh! dá-me alívio, dá-me cicatrizes
Para estas chagas que te mostro agora.

Dá-me dias de luz, horas felizes,
Toda a inocência das manhãs de outrora:
As colunas de nuvens em que pises
Transformam-se em clarões de fim de aurora.

Tu que és a Rosa branca entre os espinhos,
Estrela no alto mar e torre forte,
Vem mostrar-me, Senhora, os bons caminhos.

Que ao meditar as tuas Sete Dores,
Eu sinto na minha alma a dor de morte
Dos meus pecados e dos meus terrores...

É Sião que dorme ao luar. Vozes diletas...

É Sião que dorme ao luar. Vozes diletas
Modulam salmos de visões contritas...
E a sombra sacrossanta dos Profetas
Melancoliza o canto dos levitas.

As torres brancas, terminando em setas,
Onde velam, nas noites infinitas,
Mil guerreiros sombrios como ascetas,
Erguem ao Céu as cúpulas benditas.

As virgens de Israel as negras comas
Aromalizam com os ungüentos brancos
Dos nigromantes de mortais aromas...

Jerusalém, em meio às Doze Portas,
Dorme: e o luar que lhe vem beijar os flancos
Evoca ruínas de cidades mortas.

Nossa-Senhora encontra-O... Se não fora...

Nossa-Senhora encontra-O... Se não fora
O eterno sopro que do Céu lhe vinha,
Diante dessa visão contristadora,
Certo caíra a pálida Rainha.

É Ele, o seu Filho amado: a luz que doura
O seu cabelo, é sangue: linha a linha,
É sangue o rosto: e a barba, que entre loura
E negra está, clarões de sangue tinha.

Verga-lhe as Pernas o Madeiro: os braços
A sua Mãe estende-lhe, chorando,
Ante a incerteza dos seus pobres Passos.

Sob irrisórios aparatos régios,
Tudo se apronta para o mais nefando,
Para o mais infernal dos sacrilégios...

Se puderas, Senhora, nesse instante. . .

Se puderas, Senhora, nesse instante
Tomar-lhe a Cruz que os Ombros lhe crucia,
E levando-a, seguir agonizante
Pela santa montanha da agonia. . .

Com que sorriso excelso no semblante,
Por entre sombras de melancolia,
Das nuvens sob o pálio suavizante,
A tua Alma de mãe não seguiria!

Oh Porta celestial do Paraíso,
Ante a esperança dos teus olhos venho
Mover-te à compaixão de que preciso.

Possa eu, Poeta da morte, Alma de assombros,
Um dia carregar o santo Lenho
Sobre o esqueleto dos meus frágeis ombros!

De mim piedade vós tereis. Bem ledes...

De mim piedade vós tereis. Bem ledes
Que espero o que jamais me será dado...
Mas a minha Alma é um templo sem paredes
Em que penetra o sol de cada lado.

Com os vossos olhos sinto que vós vedes
A desgraça em que vivo encastelado...
Oh as sedes siderais! Eternas sedes
Suavizadas no mundo constelado.

Mas com que amor cheio de unção e glória
Convosco chorarei as vossas Dores
Na outra vida e na vida transitória...

E possa eu ver-vos, na hora das Trindades,
Tendo aos pés, em etéreos resplendores,
Tronos, Dominações e Potestades...

O teu nome, Senhora, é a estrela da alva...

O teu nome, Senhora, é a estrela da alva
Que entre alfombras de nuvens irradia:
Salmo de amor, canto de alívio, e salva
De palmas a saudar a luz do dia...

Pela primeira vez, quando a veste alva
A mão do Sacerdote me vestia,
Ouvi-o: e na hora batismal, oh! salva
A alma que o santo nome repetia...

Foram-se anos... e sonho que me segue
A doçura infinita dos teus olhos
Que me dão luzes para que eu não cegue:

Doce clarão de estrela em fins da tarde,
Que há de encontrar-me trêmulo, de giolhos,
Com remorsos de te adorar tão tarde...

Portas do Céu que dais para a outra vida...

Portas do Céu que dais para a outra vida,
Diante de mim, de par em par, abri-vos...
E a oblação da minha Alma entristecida
Chegue ao limiar dos tronos primitivos.

Ermitão que procura a quieta ermida,
Isolada dos mortos e dos vivos,
Evoco a luz da terra prometida...
Falazes sonhos meus contemplativos!

Vagueando pela vastidão cerúlea,
Minha Alma é como um hino que se expanda
Em louvores de sempiterna dúlia...

Exaude, Virgem branca, intemerata,
A fervorosa prece miseranda,
— Rosário que entre os astros se desata...

Epífona

Nossa-Senhora, quando os meus olhos
Semicerrados, já na agonia,
Não mais louvarem os vossos olhos...
　　　Valei-me, Virgem Maria.

Por entre escolhos, por entre sirtes,
　　　Consolai os meus olhos tristes.

Nossa-Senhora, quando os meus braços
Não mais se erguerem, já na agonia,
Oh! dai-me o auxílio dos vossos braços...
　　　Valei-me, Virgem Maria.

Por entre escolhos, por entre sirtes,
　　　Auxiliai os meus braços tristes.

Nossa-Senhora, quando os meus lábios
Não mais falarem, já na agonia,
Desça o consolo dos vossos lábios...
　　　Valei-me, Virgem Maria.

Por entre escolhos, por entre sirtes,
　　　Consolai os meus lábios tristes.

Nossa-Senhora, quando os meus passos
Se transviarem, já na agonia,
Vinde guiar-me com os vossos passos...
Valei-me, Virgem Maria.

Por entre escolhos, por entre sirtes,
Sede guia aos meus passos tristes.

O brasão

I

De solar em solar, menestrel dos mais pobres,
Ai! como suspirei pelas filhas dos nobres...

E seguindo, elmo ao luar, guantes, cota de malha,
Dizia à Dama: — "Flor, eis a minha mortalha..."

E a Dama respondia, olhando o céu magoado:
— "Dize antes, trovador, as vestes de noivado..."

E vinha-me coroar com a flor dos cinamomos.
Mas chegavam então lacaios e mordomos

E rugiam: — "Vilão, tão alto o olhar elevas...
Neto de peões, abaixa o teu olhar às trevas!"

E nas torres a voz dos nobres repetia:
— "Vilão! Vilão!" E ao luar, como a lua, eu sorria

E dizia-lhes: — "Meus avós tinham brasão:
Campo de neve onde agoniza um coração.

Ide ver os troféus dos bons tempos, o estranho,
Heráldico armorial, gentis-homens de antanho!

Tive tantos avós cavaleiros e tantos
Outros filhos do povo, humildes como santos...

Estes, míseros peões, nas rudes cercanias
Do castelo ancestral de Vimaraens, sombrias

Múmias, dormem o sono esquecido dos pobres..."
— "Vilão! Vilão!" clamava ao luar a voz dos nobres.

II

De casal em casal, alma cheia de flores,
Ai! como namorei as filhas dos pastores...

A cada lira que eu cantava, a cada lira,
Suspirava uma voz que até hoje suspira.

E os formosos casais, dormindo sobre as faldas
Das montanhas, ao luar coroado de grinaldas,

Eram como gentis ramalhetes de ninhos...
Quantas moçoilas a cantar pelos caminhos!

— Oh loiras, qual de vós me quer? Meigas morenas,
Qual de vós me dará alívio às minhas penas?

E os pastores então diziam: Raparigas,
Por que lhe não cantais: "Oh poeta, não nos sigas!

Bem vemos, trovador, o teu velho brasão:
Campo de neve onde agoniza um coração...

Tu que vais a plantar açucenas e lírios,
Bem sabes que afinal só colherás martírios!"

O amor tem vozes misteriosas. . .

— O amor tem vozes misteriosas
No coração implume. . .
— Como são cheirosas as primeiras rosas,
E os primeiros beijos como têm perfume!

— O amor tem prantos de abandono
No coração que morre. . .
— As folhas tombam quando vem o outono,
E ninguém as socorre!

— O amor tem noites, noites inteiras,
De agonias e de letargos. . .
— Que tristeza têm as rosas derradeiras,
E os últimos beijos como são amargos!

Quando o ocaso, triste, vinha...

Quando o ocaso, triste, vinha
Baixando além,
Enchiam-se de luto as catedrais.
Minh'alma tinha
Também
A mesma sombra e os mesmos ais.
O sol tombando, triste,
Contemplava-me, e eu via,
No céu onde floriste,
As minhas ilusões, toda a minha agonia!
Sombras de mortos e de mortas,
Que andais velando pelas portas,
Vinde dar-me consolo aos meus martírios.
Embalsamai minh'alma fria, fria,
Com pétalas de lírios!

Dueto de amor

Em um solar medievo

— Olhos rezando ave-marias,
Cílios que são rendas de altar...

"São duas órbitas vazias
Os olhos que tu vens mirar."

— Lábios vermelhos e dolentes
Com tantos beijos para dar...

"A minha boca só tem dentes
Para os teus lábios procurar."

— Face banhada em cor de freira
E palidez que não tem par...

"A minha face é uma caveira
Que tu não podes lisonjear".

— Cabelo em ondas, basto e preto,
Nuvem que está longe do luar...

"É o manto do meu esqueleto:
Passa-lhe a mão, que há de tombar."

— Quero seguir-te o esguio porte
Com toda a luz do meu olhar...

"Se tu bem vês que sou a morte,
Ah! morre então para eu te amar."

É uma lua de acompanhar-se enterros...

É uma lua de acompanhar-se enterros,
De ver caixões banhados de luz branca.
Caminham virgens nuas pelos cerros,
E o luar é um rio ideal que não se estanca.

Afunda-se entre as nuvens o minguante.
Na treva a terra sonha, o céu é mudo...
Ai pobre, ai pobre cavaleiro andante,
No céu, no céu perdeste o teu escudo!

Ando colhendo flores tristes...

Ando colhendo flores tristes:
Um goivo aqui, outro acolá...
Moças, por que não me sorristes?
Vossos sorrisos, flores tristes,
Eu não sei quem os colherá.

Eu colho flores para os noivos
Que já não querem sonhar mais.
Nos vossos olhos nascem goivos...
Dai-me essas flores para os noivos
Que têm amadas celestiais.

Ando colhendo roxas flores:
Quantas saudades não colhi!
Eu já não tenho mais amores,
Pois vossos beijos, roxas flores,
Não mais florescem por aqui.

Eu colho flores para as mortas...
Quantos sepulcros enfeitei!
Dai-me grinaldas para as portas
Por onde vão saindo as mortas
Com que sonhei, com que sonhei!

Ai! flores para enfeitar-te o leito...

Ai! flores para enfeitar-te o leito
Hei de colhê-las no teu olhar.
Goivos nas tranças, lírios no peito,
   Para eu beijar!

Ai! beijos para florir-te a boca,
Hei de colhê-los no meu jardim.
Vieste cantando como uma louca
   Por onde vim!

Ai! sonhos para sonhar contigo,
Que Deus mos dê da mais bela cor...
Vieste poisar sobre o meu postigo,
   Ave do amor!

Se astros tivesse, punha-os no solo
Por onde agora vens afinal...
Lábios e beijos!... Abre o teu colo,
   Garça real!

Olhos

Olhos sublimes, sombras chinesas,
Sob a arcaria das sobrancelhas...
Solar magnífico, onde princesas
Passam de túnicas vermelhas...

Olhos de poente, luares remotos,
Por entre torres inacessíveis...
Rosas e lírios, goivos e lotos,
Roxas violetas impassíveis...

Olhos viúvos, santos, blasfemos,
Ladainha dos Sete Pecados...
Nuvens doiradas de crisantemos,
Sonhos de místicos noivados...

Olhos pungentes, que chorais tanto,
Dias de luto, noites em calma...
Instrumentados por algum Santo
Para o responso da minh'alma...

Olhos profundos, florindo juntos,
Cheios do sangue dos sacrifícios...
Essas armadas para defuntos,
Dobres dos últimos ofícios...

Olhos, olhares evocadores
De espectros mudos de altivo porte...
Fechai a campa dos meus amores,
Oficiantes da minha morte!

Cisnes brancos

Ó cisnes brancos, cisnes brancos,
Por que viestes, se era tão tarde?
O sol não beija mais os flancos
Da montanha onde morre a tarde.

Ó cisnes brancos, dolorida
Minh'alma sente dores novas.
Cheguei à terra prometida:
É um deserto cheio de covas.

Voai para outras risonhas plagas,
Cisnes brancos! Sede felizes...
Deixai-me só com as minhas chagas,
E só com as minhas cicatrizes.

Venham as aves agoireiras,
De risada que esfria os ossos...
Minh'alma, cheia de caveiras,
Está branca de padre-nossos.

Queimando a carne como brasas,
Venham as tentações daninhas,
Que eu lhes porei, bem sob as asas,
A alma cheia de ladainhas.

Ó cisnes brancos, cisnes brancos,
Doce afago de alva plumagem!
Minh'alma morre aos solavancos
Nesta medonha carruagem...

Minh'alma é a torre de uma igreja...

Minh'alma é a torre de uma igreja:
Passa de luto o sacristão.
A coruja que nela adeja
É o meu próprio coração.

E o sacristão que nunca dorme
(É um esqueleto que não conheço.)
Sobe a escadaria enorme
Que não tem fim nem tem começo.

Sobe e põe-se lá de cima,
Como dolente trovador que é,
A dizer versos onde a rima
É a unção de um peito cheio de fé.

São salmos tristes, mortuários,
Profundas preces de penitência.
Surgem imagens de calvários,
No fim de cada uma existência.

Matinas, vésperas, completas,
Soluçam na sua voz.
Seguem-se horas de silêncio, inquietas,
De uma agonia atroz.

E o sacristão, todo de preto,
Beija o retrato de uma dama.
É bem gentil este esqueleto
Fazendo o gesto de quem ama.

Só neste instante é que, fitando
Os finos ossos que Deus me deu,
Me reconheço no miserando
Espectro vil: sou eu! sou eu!

Quando morre quem quer que seja,
O sacristão põe-se a rezar.
Minh'alma é a torre de uma igreja
Que tem um sino sempre a dobrar...

Coro de arcanjos para os teus ouvidos...

Coro de arcanjos para os teus ouvidos,
As barcarolas com que sonhaste
Gemem no luar desfalecido...
Ah! quantos lírios nelas tombam da haste!
E quantas rosas, quantas,
Por elas desfalecem como Santas!

Pois o luar é formado das mais suaves
Pétalas brancas: ninho
De alvas plumagens de aves
Cheirando a rosmaninho...

É um rosal cheio de harpas: quem ama,
Vendo-o florir de beijos o caminho,
Saudades tem do olhar da sua dama...

É um consolo suavíssimo: quem sofre
Acolhe na alma os raios desmaiados
— Pérolas a cair de um cofre —
Como alívios nunca sonhados.

Feliz de quem, quando nasce,
Recebe por entre frestas

Beijos de lua na face. . .
Carícias não há como estas.

O luar, que pelo céu mágoas espalha,
É o estendal de sudários: quem morre
Vai pedir-lhe a mortalha   .
Silenciosa que nos socorre. . .

É a inefável ternura: o próprio cego,
Tão infeliz que não conhece a lua,
Recebe na alma todo o seu sossego
— Ondas de lago que além flutua.

Não são somente os desgraçados
Que procuram as horas mortas:
Ao luar, felizes sonham noivados. . .
A lua bate a todas as portas.

É um cemitério cheio de almas,
De hierática dolência. . .
Todos levam nas mãos as brancas palmas
Que florescem na outra existência.

Doce escombral de ruínas, montão de ossos,
Carinho angelical das noites tristes!
Urna de padre-nossos,
Como estás longe, como perto existes!

Deixa cair sobre a minh'alma ilesa,
Livro de horas e de loas,
As notas brancas da sublime reza
Que em surdina entoas...

Serenada

A Henrique Malta

Da noite pelos ermos
Choram violões.
São como enfermos
Corações.

Dorme a cidade inteira
Em agonia...
A lua é uma caveira
Que nos espia.

Todo o céu se recama
De argêntea luz...
Uma voz clama
Por Jesus.

A quietude morta
Do luar se espalma...
E ao luar em cada porta,
Expira uma alma.

Passam tremendo os velhos...
Ide em paz,
Ó evangelhos
Do Aqui-Jaz!

Toda a triste cidade
É um cemitério...
Há um rumor de saudade
E de mistério.

A nuvem guarda o pranto
Que em si contém...
Do rio o canto
Chora além.

De sul a norte passa,
Como um segredo,
Um hausto de desgraça:
É a voz do medo...

Há pela paz noturna
Um celestial
Silêncio de urna
Funeral...

Pela infinita mágoa
Que em tudo existe,
Ouço o marulho da água,
Sereno e triste.

Da noite pelos ermos
Choram violões...
São como enfermos
Corações.

E em meio da cidade
O rio corre,
Conduzindo a saudade
De alguém que morre...

Ó poente que te vais em sombras mortas...

Ó poente que te vais em sombras mortas,
Para voltar depois,
Suavidade que desconfortas,
Como somos iguais os dois!

Envolto em nuvens cor de sangue, choras
Todos os dias o dia findo...
E como rosas, depois, auroras
No teu seio vão-se abrindo.

E de novo te desabrochas,
Cheio de vida, para depois
Bruxulear num clarão de tochas,
Seguindo o enterro de nós dois...

E no outro dia as mesmas rosas
No teu seio vão-se abrindo...
E voltam lágrimas chorosas
Depois, chorando o dia findo.

Ó poente que te vais em sombras mortas,
Para voltar depois,
Sofro o martírio que tu suportas...
Ah! não podermos morrer os dois!

O cinamomo floresce...

O cinamomo floresce
Em frente do teu postigo:
Cada flor murcha que desce
Morre de sonhar contigo.

E as folhas verdes que vejo
Caídas por sobre o solo,
Chamadas pelo teu beijo
Vão procurar o teu colo.

Ai! Senhora, se eu pudesse
Ser o cinamomo antigo
Que em flores roxas floresce
Em frente do teu postigo:

Verias talvez, ai! como
São tristes em noite calma
As flores do cinamomo
De que está cheia a minh'alma!

Existem junto da fonte...

Existem junto da fonte,
Crescidas à luz do luar,
Duas árvores defronte
Da janela do teu lar.

O coqueiro e o cinamomo
Nasceram do mesmo chão...
De noite são tristes como
Quem morre do coração.

A fonte dorida chora
Por entre seixos de luar,
Quando se fecham, Senhora,
As janelas do teu lar.

E o coqueiro, todo em palmas,
Beija o cinamomo em flor...
Imagem das nossas almas
Unidas no mesmo amor!

Trovador, as tuas trovas. . .

— Trovador, as tuas trovas
Têm o perfume dos lírios
E o palor das luas novas. . .
— São flores para martírios,
São goivos por entre covas.

— Os olhos das bem-amadas,
Cheios de um luar enfermo,
Por elas cantam baladas. . .
— São círios que morrem no ermo
Onde as vejo sepultadas.

— Tu que és moço, que o foste ontem,
Embora tão velho de alma,
Tens lendas, como se as contem
Fantasmas em noite calma. . .

— Ando pelas sepulturas,
Como os noturnos vampiros.
Seguem-me visões impuras,
Em laudares de suspiros.

Vagueiam nos meus sonetos,
Caminham pelos meus cantos,
Os mais altos esqueletos
De pecadores e santos...

Nunca tive mocidade.
Nasci mais velho que a lua...
Minha mãe era a saudade:
Deixou-me exposto na rua.

Nasci em leito de rosas
E morro em leito de espinhos...
Ó mães que sois caridosas,
Velai por vossos filhinhos!

Não os deixeis ao relento
E nem vagar pela rua...
Que eles nem por pensamento
Saibam das fases da lua.

Que é desse mancebo triste,
Meio moiro, meio godo?
Nada dele mais existe...
Envelheci-me de todo.

Como, Jesus, me esqueceste
Nesta horrível soledade!
Aos trinta e três tu morreste...
E eu já tenho a tua idade.

E eu que sonhava, coitado!
Na infância, um sonho como este:
Ai! que a ninguém fosse dado
Viver mais que tu viveste!

E como hoje hei de ir avante,
Se já nem sei o meu nome?
A morte era a minha amante...
Esta mesma abandonou-me.

Minh'alma é tão enrugada
Como a face de um velhinho.
Ó corpo, toma poisada,
Que estou no fim do caminho.

— Os olhos das bem-amadas
Deixaram-te em abandono...
Já não cantas mais baladas
E vives cheio de sono
Em meio das sepultadas.

Entretanto, as tuas trovas
Tinham perfume de lírios,
Palores de luas novas...
— Deixai-me com os meus martírios,
Deixai-me cavando covas!

Ismália

Quando Ismália enlouqueceu,
Pôs-se na torre a sonhar...
Viu uma lua no céu,
Viu outra lua no mar.

No sonho em que se perdeu,
Banhou-se toda em luar...
Queria subir ao céu,
Queria descer ao mar...

E, no desvario seu,
Na torre pôs-se a cantar...
Estava perto do céu,
Estava longe do mar...

E como um anjo pendeu
As asas para voar...
Queria a lua do céu,
Queria a lua do mar...

As asas que Deus lhe deu
Ruflaram de par em par...
Sua alma subiu ao céu,
Seu corpo desceu ao mar...

Vila do Carmo

Ó dolente Ribeirão do Carmo,
Estrelado como um céu de agosto!
(Musa de além, para decantar-mo,
Bem que o viste, quando o sol foi posto).

Olhando o céu tão coberto de astros,
Eu vi que estava diante de um altar.
E tive, como dentro dos claustros,
Uma vontade imensa de rezar.

Que paz tão cheia de almos pesares,
Que silenciais mágoas de repouso...
Certo divaga por estes ares
A Alma sublime de D. Viçoso.

Noites de luar nas cidades mortas,
Casas que lembram Jerusalém...
(Passam por mim, tristes e remotas,
Essas visões de amor que o céu contém.)

— Como passais num silêncio enorme,
Virgens de luz, fadas erradias!
— "É a cidade episcopal que dorme
No seio branco das litanias."

Tombai de joelhos junto das cruzes,
Para rezar por quem não tem fé!
"Os túmulos estão cobertos de urzes,
E não há mais uma cruz de pé."

— Sombras esguias de confessandas,
Eu bem sei que a desgraça vos flagela...
Mas vós, tão tristes, tão miserandas,
Rezai por Ela, rezai por Ela.

E então olhou-me (não seja embalde)
O olhar de Deus para que eu espere...
O luar tombava sobre a cidade
Numa dolência de miserere.

Vagueiam suavemente os teus olhares...

Vagueiam suavemente os teus olhares
Pelo amplo céu todo franjado em linho:
Comprazem-te as visões crepusculares...
Tu és uma ave que perdeu o ninho.

Em que nichos doirados, em que altares
Repoisas, anjo errante, de mansinho?
E penso, ao ver-te envolta em véus de luares,
Que vês no azul o teu caixão de pinho.

És a essência de tudo quanto desce
Do solar das celestes maravilhas...
— Harpa dos crentes, cítola da prece.

Lua eterna que não tivesse fases,
Cintilas branca, imaculada brilhas,
E poeiras de astros nas sandálias trazes...

Aliança

Às vezes, quando o luar nascia, eu vinha
Postar-me em frente do castelo, os braços
Abertos para a pálida rainha
Que ia colhendo lírios nos espaços...

Era talvez na adolescência minha.
Noite de astros em flor. Sussurram passos...
Que suave encantamento me sustinha
Nos fios de oiro de indizíveis laços!

Ó Catarina de Ataíde, errante
Sombra aromal! ó Laura de Petrarca,
E ó (mais que estas) ideal Beatriz de Dante!

Éreis vós três a rosa de todo o ano
Que me surgia, e cada qual era a Arca
Da minha Aliança ao doce amor humano!

Ficávamos sonhando horas inteiras...

Ficávamos sonhando horas inteiras,
Com os olhos cheios de visões piedosas:
Éramos duas virginais palmeiras,
Abrindo ao céu as palmas silenciosas.

As nossas almas, brancas, forasteiras,
No éter sublime alavam-se radiosas.
Ao redor de nós dois, quantas roseiras...
O áureo poente coroava-nos de rosas.

Era um arpejo de harpa todo o espaço:
Mirava-a longamente, traço a traço,
No seu fulgor de arcanjo proibido.

Surgia a lua, além, toda de cera...
Ai como suave então me parecera
A voz do amor que eu nunca tinha ouvido!

Rosas

Rosas que já vos fostes, desfolhadas
Por mãos também que já se foram, rosas
Suaves e tristes! rosas que as amadas,
Mortas também, beijaram suspirosas...

Umas rubras e vãs, outras fanadas,
Mas cheias do calor das amorosas...
Sois aroma de alfombras silenciosas,
Onde dormiram tranças destrançadas.

Umas brancas, da cor das pobres freiras,
Outras cheias de viço e de frescura,
Rosas primeiras, rosas derradeiras!

Ai! quem melhor que vós, se a dor perdura,
Para coroar-me, rosas passageiras,
O sonho que se esvai na desventura?

Era noite de lua na minh'alma...

Era noite de lua na minh'alma
Quando surgiste pela vez primeira:
Em cada estrela, pelo azul em calma,
Florescia uma flor de laranjeira.

A esperança entreabria a verde palma
Ante os meus olhos, tépida, fagueira,
Como um aroma que inebria e acalma...
Romaria de amor, doce romeira!

E era um jardim de lírios. Suavemente
Sorriu-me a tua boca enamorada,
Como as flores que são como tu és...

— "Em que pensas?" — disseste, a voz tremente.
— "Senhora, penso que serás fanada
Como este lírio que te atiro aos pés!"

Hão de chorar por ela os cinamomos...

Hão de chorar por ela os cinamomos,
Murchando as flores ao tombar do dia.
Dos laranjais hão de cair os pomos,
Lembrando-se daquela que os colhia.

As estrelas dirão: — "Ai! nada somos,
Pois ela se morreu, silente e fria..."
E pondo os olhos nela como pomos,
Hão de chorar a irmã que lhes sorria.

A lua, que lhe foi mãe carinhosa,
Que a viu nascer e amar, há de envolvê-la
Entre lírios e pétalas de rosa.

Os meus sonhos de amor serão defuntos...
E os arcanjos dirão no azul ao vê-la,
Pensando em mim: — "Por que não vieram juntos?"

Immaculata

Quando te fores, branca, de mãos postas,
E me deixares neste val de pranto,
Deitada assim, como as demais, de costas
Sobre o teu leve esquife de pau-santo:

Quando as rosas dos seios, decompostas,
Vierem causar à própria morte espanto,
E nessas tábuas vis, onde te encostas,
Te for o lodo o derradeiro manto:

Ainda hei de ver as lúcidas violetas
Que floriram no teu olhar incerto,
Por sob as tuas sobrancelhas pretas...

Ai! como Inês tu não serás rainha:
Mas amada hás de ser no céu decerto
Porque na terra nunca foste minha...

Seremos como dois lírios enfermos...

Seremos como dois lírios enfermos
Que morrem numa jarra abandonada.
O acaso nos mostrou a mesma estrada
E sonhamos ao luar dos mesmos ermos.

Abençoou-nos o mesmo azul sem termos,
Ao descambar da véspera sagrada.
E hei de ter, e terás, ó bem-amada,
Tranqüilidade e paz para morrermos.

Ah! tu bem sabes que não tarda o outono...
Perder-nos-emos pela escura brenha,
Pelos ínvios sertões do eterno sono.

E que nos baste, amor, termos vivido
Em meio destes corações de penha
Sem o lamento inútil de um gemido!

Estão mortas as mãos daquela Dona...

Estão mortas as mãos daquela Dona,
Brancas e quietas como o luar que vela
As noites romanescas de Verona
E as barbacãs e torres de Castela...

No último gesto de quem se abandona
À morte esquiva que apavora e gela,
As suas mãos de Santa e de Madona,
Inda postas em cruz, pedem por ela.

Uma esquecida sombra de agonias
Oscula o jaspe virginal das unhas,
E ao longo oscila das falanges frias...

E os dedos finos... ai! Senhora, ao vê-los,
Recordo-me da graça com que punhas
Um cravo, um lírio, um goivo entre os cabelos!

Se eu a visse descer da escadaria...

Se eu a visse descer da escadaria
De um altar que entre nuvens se atufasse,
Certo o menor espanto não teria...
De onde quiséreis vós que ela baixasse?

Pois, dizei-me vós todos, onde havia
De cintilar a luz daquela face?
A sua palidez tão casta e fria
Era um lis que na terra infiel não nasce.

Zelos de amor, no entanto, eu tinha, ao vê-la
Mirada por vós todos, como a estrela
Vesperal que ninguém contempla a sós...

Minha pobre alma, que ilusão a tua!
Há damas tristes que são como a lua:
A luz que têm é para todos nós...

A aurora loira que me guiava os passos...

A aurora loira que me guiava os passos
Dentro do sonho etéreo em que eu vivia,
Encheu-se toda de clarores baços...
Nunca mais para mim nasceu o dia.

Olhos cansados de sofrer! os laços
De luz em que ela a rir vos envolvia...
Tudo desfeito desde que os seus braços
Penderam hirtos para a terra fria.

Foi bem rápido o instante em que de neve
Se fez a rósea cor daquele rosto,
Que a morte em haustos bafejou de leve.

Disse à minha alma: — Por que tal desgosto?
A lastimá-la morta quem se atreve?
Quem tem pena do sol porque ele é posto?

Lua das noites pálidas! alheia...

Lua das noites pálidas! alheia
Ao sofrimento humano, segues no alto...
Ao ouvir-te as baladas de sereia,
Soluçam corações em sobressalto.

És minguante, és crescente, és nova, e cheia,
E sempre que tu vens, é um novo assalto
Misterioso à pobre alma que vagueia,
Caravela perdida no mar alto...

Atrás de ti partem gemidos: corre
O pranto, ao ver-te, pela face nua
De quem de mágoa e de saudades morre...

Vais perfumando, além, montes e vales:
E nem presumes, por acaso, ó lua,
Que foste a causadora dos meus males.

Lunático

Oh pão de trigo da Sagrada Ceia!
No azul imoto os anjos erguem tendas,
E entre pantaclos de eternais legendas,
Da via-látea a cabeleira ondeia.

Eu comunguei, na páscoa, a lua-cheia,
No solar das sublimes oferendas:
Estrelas a bordar etéreas rendas,
Lírios que Deus pela amplidão semeia...

Tudo branco de luares oscilantes,
Cheio o amplo céu de contas de rosário,
Astros de amor engrinaldando amantes...

E sonho irial do céu em plena calma,
Nas harmoniosas preces de um hinário,
A hóstia da lua entrou-me dentro da alma

Meus pais

A Archangelus de Guimaraens

Nascera ao pé de Fafe. Ermos algares,
Altas escarpas de Entre-Doiro-e-Minho:
Das iberas regiões peninsulares
Toda a luz, sob um céu de seda e linho.

Ele era alegre e forte. Em seus cismares,
Em meio às eiras, nos trigais, de ancinho,
Sabendo de outra pátria além dos mares,
Veio para o Brasil ainda mocinho.

Casou. Ela era branca, ela era esbelta,
Olhos marinhos, fronte ideal de celta,
Mãe futura de pobres trovadores...

Meus velhos Pais! bem mais do que gozado,
Tendes sofrido, e nem vos foi poupado
Ouvir-nos decantar as nossas dores!

Como se moço e não bem velho eu fosse...

Como se moço e não bem velho eu fosse
Uma nova ilusão veio animar-me:
Na minh'alma floriu um novo carme,
O meu ser para o céu alcandorou-se.

Ouvi gritos em mim como um alarme.
E o meu olhar, outrora suave e doce,
Nas ânsias de escalar o azul, tornou-se
Todo em raios que vinham desolar-me.

Vi-me no cimo eterno da montanha,
Tentando unir ao peito a luz dos círios
Que brilhavam na paz da noite estranha.

Acordei do áureo sonho em sobressalto:
Do céu tombei ao caos dos meus martírios,
Sem saber para que subi tão alto...

A dor de quem recorda os tempos idos...

A dor de quem recorda os tempos idos
Fere como um punhal envenenado.
São vozes mudas, últimos balidos
Do cordeiro angustioso do passado.

Choram em sonho os olhos doloridos
Das virgens mortas antes do noivado.
E sentimos na concha dos ouvidos
As árias de quem muito foi amado.

Oh luares ermos pelas sepulturas!
Noites infindas de astros, onde esvoaça
A asa da morte suavemente fria!

Beijais do rosto dela as linhas puras.
Ela sorri: pelos seus lábios passa
A alma das rosas que lhe dei um dia.

A catedral

Entre brumas, ao longe, surge a aurora.
O hialino orvalho aos poucos se evapora,
   Agoniza o arrebol.
A catedral ebúrnea do meu sonho
Aparece, na paz do céu risonho,
   Toda branca de sol.

E o sino canta em lúgubres responsos:
   "Pobre Alphonsus! Pobre Alphonsus!"

O astro glorioso segue a eterna estrada.
Uma áurea seta lhe cintila em cada
   Refulgente raio de luz.
A catedral ebúrnea do meu sonho,
Onde os meus olhos tão cansados ponho,
   Recebe a bênção de Jesus.

E o sino clama em lúgubres responsos:
   "Pobre Alphonsus! Pobre Alphonsus!"

Por entre lírios e lilases desce
A tarde esquiva: amargurada prece
   Põe-se a lua a rezar.

A catedral ebúrnea do meu sonho
Aparece, na paz do céu tristonho,
    Toda branca de luar.

E o sino chora em lúgubres responsos:
    "Pobre Alphonsus! Pobre Alphonsus!"

O céu é todo trevas: o vento uiva.
Do relâmpago a cabeleira ruiva
    Vem açoitar o rosto meu.
E a catedral ebúrnea do meu sonho
Afunda-se no caos do céu medonho
    Como um astro que já morreu.

E o sino geme em lúgubres responsos:
    "Pobre Alphonsus! Pobre Alphonsus!"

Quando, na sombra espessa em que eu vivia, a calma...

Quando, na sombra espessa em que eu vivia, a calma
Do teu sorriso entrou, como o sol na floresta,
Caminhei para ti, na mão tendo uma palma,
E chegaste, doirada, entre flores de giesta.

Ástrea aliança de uma alma a sonhar por outra alma!
O luar nascia triste, a tarde era funesta...
Diante de mim as mãos uniste, palma a palma:
Sorriste... Para ver o céu nada me resta!

De joelheiras de ferro, estarcão e acha d'armas,
Verde escudo em sinople, eu fui, pelos Poemas,
O cavaleiro afeito às gritas e aos alarmas.

Vi esculcas no azul, que eram anjos: as sagas
Que te vinham buscar, sumiram-se blasfemas:
Mas, Senhora, por ti fiquei cheio de chagas...

O pesar de não tê-la encontrado mais cedo...

O pesar de não tê-la encontrado mais cedo,
De não ter visto o céu quando havia esperança!
Som febril, ástreo som da alma de um citaredo,
Por que vos não ouvi quando ainda era criança?

Quantas vezes o luar me sorria em segredo,
Quantas vezes a tarde era serena e mansa!
E o horizonte ante mim ressurgia tão ledo,
Que eu dizia: "Mas que anjo entre nuvens avança?"

Hoje, depois de velho, e tão velho, mais velho
Que uma figura antiga e doce do Evangelho,
É que entre astros, trilhando o azul claro, a encontrei...

E pude, contemplando o sol da sua face,
Atirar a seus pés, para que ela os pisasse,
Meus andrajos de pobre e meu manto de rei...

Bons tempos

Bons tempos da loriga e da cota de malha,
Quando vós, meus avós das montanhas do Minho,
Balestreiros viris, vermelhos do bom vinho,
Ao sarraceno infiel ousáveis dar batalha!

As loiras castelãs, cheirando a rosmaninho,
Diziam-vos: — "Que Deus, na peleja, vos valha!"
E o saio d'armas era a querida mortalha
Que vos ia cingindo o amplo torso de pinho...

Combates pela Cruz em campos do crescente!
Fidalgos, infanções, ou gente de mesnada,
Volviam para Cristo o olhar piedoso e crente.

E vós, guerreiros, quando a morte alucinada
Surgia, para vê-la erecta, frente a frente,
Inda erguíeis a heril viseira da celada...

Segues para a imperial cidade dos pés juntos...

Segues para a imperial cidade dos pés juntos
E dos olhos em paz e dos braços em cruz!
Sê feliz, meu amor, no reino dos defuntos,
Onde a morte ergue e soergue o seu cetro de luz.

Permita Deus que em breve estejamos bem juntos,
Nus das vestes do mundo e da carne bem nus!
Rir-nos-emos, então, como alegres defuntos,
Dos versos virginais que em tua fronte pus.

Seremos, é bem certo, um nada contrafeitos:
Já não encontro mais a seda dos teus peitos,
Nem tu encontrarás o tacto destas mãos...

Afundam-se na terra as imagens lascivas.
Não mais a comunhão dos beijos e salivas...
Amamo-nos em vida: o pó fez-nos irmãos!

Suicidas de amor

— "Sou o cálice de lis onde murmura o vento!
Sou a pétala de rosa entre as águas do rio!"
E fitando-me o olhar de arcanjo sonolento,
Ela chegou-se a mim, toda a tremer de frio.

— "És infeliz, bem sei!" e um sorriso agoirento,
Relâmpago final dalgum poente sombrio,
Me veio à flor do rosto. O luar surgia, lento,
Lançando sobre a terra o olhar em desvario.

— "Que podes tu temer?" E ela, a Ofélia doente,
Mais se chegou a mim, como uma penitente:
— "Temo o teu desamor! temo o teu abandono!"

— "Nada temas... Sou teu!" E gelados e mortos,
Seguimos para o mar que nunca teve portos,
E embrenhamo-nos, fiéis, nos caos do eterno sono...

126

E os bárbaros uivando (eram mais que selvagens)...

E os bárbaros uivando (eram mais que selvagens),
Não podiam pensar que houvesse alguém ali
Capaz de enaltecer a fé sublime... Pajens
Da impureza, talvez saibais por que vos ri!

Debaixo deste céu, apedrejais imagens.
Mas a cada um de vós eu direi: — Ai de ti!
Estas princesas a dormir nas estalagens,
Exiladas visões, são santas que eu bem vi...

Para vós, como para os sapos, tudo é lama:
Quem chora, quem soluça, a alma que sofre ou que
[ama,
É uma águia real olhando os poentes que se vão...

Abre a plumagem, fita o azul que ao longe esmaece,
Porém julgais que, como vós, não ouve a prece
Que nos põe todo o céu dentro do coração!

A silenciosa paz do branco eremitério...

A silenciosa paz do branco eremitério
Que sonhei para o fim da minha vida, é morta.
Sou o mendigo que bate, e ninguém abre a porta,
O espectro para quem o mundo é um cemitério.

Por que viver assim no meio do mistério?
Por que toda esta dor me esfacela e me corta?
E a cada hora, a minh'alma, estranha bruxa, aborta
Ora uma fúria infiel, ora um anjo funéreo...

Se ergo o olhar para além, não encontro a esperança
Que me fez palmilhar, sob o céu que nos cobre,
Esta via da cruz onde ninguém descansa.

Em cada face o escárnio, em cada sino o dobre
Que me diz que sou velho, e que inda sou criança,
Que sou rico demais para morrer tão pobre.

128

Sun down

Muitas vezes, ao poente, a minh'alma de enfermo
É triste: o enterro passa, os vultos vão, de tochas
Que tremeluzem como estrelas rubras, do ermo
De um céu que se prolonga entre montes e rochas.

Segues naquele esquife, um anjo vem dizer-mo.
Uma essa erguida no alto, enfeitada de frouxas
Cortinas de galões amarelos, é o termo
Do caminho talhado entre açucenas roxas.

Triste sonho de quem vive a sonhar na vida
Com a eterna e doce paz de uma cova esquecida,
E traz no peito morto uma alma quase morta...

Suplício imemorial de quem estando vivo,
A receber no olhar todo o céu compassivo,
Vê passar o seu próprio enterro pela porta!

Acostumei de há muito os meus olhos, coitados...

Acostumei de há muito os meus olhos, coitados,
A olharem para além desta vida terrena...
E como nada espero, olhando os desgraçados,
Porque um deles eu sou, de muitos tive pena.

Ouvi rumor de gente a rir nos despovoados,
E tudo era deserto e só na terra amena...
Ah! só dentro de mim é que passam noivados,
E o pastor não tem mais laúde nem avena!

A ventura de outrora é morta, e ninguém pode
Crer e amar como um anjo exilado e bendito
Que sobre o mundo o luar da asa branca sacode...

Néscio! dirão, que vês nos mundos constelares?
Néscios! direi, contemplo ermidas no infinito,
Pois que na terra vil já não há mais altares...

O mosteiro do céu tem virgens mais que santas...

O mosteiro do céu tem virgens mais que santas:
Andam rezando toda a noite aos pés da lua.
Um rumor de orações pelas nuvens flutua,
Como um hino a brotar de inefáveis gargantas.

E essas virgens de véus tristíssimos são tantas,
Que nem meu coração sabe qual seja a sua:
No entanto uma há (és tu, que entre elas te levantas,
Ó Sírius!) cujo olhar mais que os outros estua...

Pois a alma que me fez deserto o mundo inteiro,
Voando ao céu quando um luar de esperança me dera,
Humildemente professou nesse mosteiro.

E esse olhar que distingo entre os outros olhares
É talvez dessa Irmã professa que me espera
Na santa comunhão dos anjos tutelares...

De outro poente de luz, de outro luar de ventura..

A Osvaldo Araújo

De outro poente de luz, de outro luar de ventura,
Veio todo o meu ser, que não sofria lá.
Havia no meu peito uma estrela tão pura,
Que eu dizia: Não sei se o amor o colherá.

E o dia foi-se triste, e a noite veio escura;
O arvoredo morreu, secou-se a fonte já;
A atroz desolação do tédio e da amargura
É quem me vela o sono, e quem sonhos me dá.

Cambaleante segui, contemplando os espaços,
Onde eu via formar-se um medonho escarcéu...
Quis abraçar alguém, mas já não tinha braços.

Diante do meu olhar ergueu-se um mausoléu.
Só me restou a fé para guiar os meus passos...
A minh'alma é uma cruz enterrada no céu.

O Poeta deve ter dentro da alma estelada...

O Poeta deve ter dentro da alma estelada
Uma deusa que o embale e acarinhe e adormeça:
É a ilusão que lhe vem aureolar a cabeça,
Suavizando-lhe a dor com os seus dedos de fada.

Quer surja a aurora, quer por entre sombras desça
A noite, haja o clamor da vida, ou a paz sagrada
Da morte, — ela que é a fonte, o bem, a bem-amada,
Dá que a palma estival do sonho resplandeça.

E o mundo, que é o sinistro ergástulo de treva,
Transforma-se na irial mansão donde se eleva
A prece que há de um dia aos pés de Deus chegar...

E aos astros de tal modo o Poeta ascende em calma,
Que o céu fica menor do que o azul da sua alma,
E nem cabe no céu a luz do seu olhar...

Deus é a luz celestial que os astros unge e veste...

Deus é a luz celestial que os astros unge e veste,
E dessa eterna luz nós todos fomos feitos.
Um fulgor de orações brilha nos nossos peitos:
É o reflexo estelar dessa origem celeste.

O homem mais louco e vil, cuja alma ímpia se creste
Aos fogos infernais dos mais torpes defeitos,
De vez em quando sente esplendores eleitos,
Que tombam nele como o luar sobre um cipreste.

Quem não sentiu no peito a carícia divina,
A enchê-lo de clarões na transparência hialina
De um astro que cintila em pleno azul sem véus?

Tudo é luz na nossa alma, e o mais vil, o mais louco,
Bem sabe que esta vida é um sol que dura pouco
E que Deus vive em nós como dentro dos céus...

Bate-me o coração dentro do pobre peito...

Bate-me o coração dentro do pobre peito.
— "Ai! triste prisioneiro esquivo, que me queres?
Tranqüilamente dorme, e vela, no teu leito...
Morreram para ti os lírios e as mulheres!"

— "A primeira por quem bati (sonho desfeito)
Andava como envolta em leves rosicleres.
E vi-a repousar no seu caixão estreito..."
— "E agora não tens mais por quem no mundo
                     [esperes..."

— "Vi-a em astros depois, cujos meigos sorrisos
Eram do céu, que não da terra: olhos mais vagos
Que as ondas siderais dos poentes indecisos...

Hoje ei-la no país que não tem sul nem norte."
— "Mas continuas a bater cheio de afagos..."
— "Sim, bato, bato, mas somente pela morte".

Os olhos meigos da Esperança que não volta...

Os olhos meigos da Esperança que não volta,
Ai! com que dor cerrados dentro da minha Alma!
Pois ela está com as duas mãos no peito, morta,
E houve quem aspirasse a violeta de Parma.

Houve, pois que cessou de todo a etérea calma
Que pairava do luar na irradiação imota;
A mão eterna que a tormenta arma e desarma,
Fechou os olhos da Esperança que não volta.

E a minha Alma (oh! a sublime e dorida grinalda
De saudades!) não mais volveu os olhos tristes
Para o azul donde viera a pobre flor fanada...

De joelhos, ante o Céu que se estrela de cruzes,
Eis-me aqui como quem, escapo às negras sirtes
Do mar, se veja numa ampla floresta de urzes.

136

Entre alvas açucenas olvidado...

Entre alvas açucenas olvidado
(Como S. João da Cruz, que assim o disse),
Que eu para o céu em noite ideal partisse
Quis o destino meu, quis o meu fado.

Quem fez que a lua em pleno céu florisse,
Fez florescer em mim o lírio amado:
Alcatifas suntuosas de noivado
Quis Deus que em oração minh'alma visse.

Fiquei (doces momentos de ventura!)
Haurindo a luz que desce das estrelas
À terra, onde de novo os pés eu ponho...

Embriaguei-me na eterna formosura:
E as minhas hiperdúlias, pude vê-las
Na alcândora celeste do meu sonho...

Quando eu for bem velhinho, bem velhinho...

Quando eu for bem velhinho, bem velhinho,
— Não tarda muito, não, meus companheiros!
Vós haveis de florir de jasmineiros
A alameda final do meu caminho.

Deitem-me flores, vistam-me de linho
Da cor dos sonhos meus aventureiros,
E que eu fique a rezar dias inteiros,
Depois de feito o meu caixão de pinho.

Como o aroma sutil de um incensário,
Minh'alma irá galgando lentamente
A impiedosa ladeira do Calvário...

Pobre ancião! chegaste enfim ao poente.
Olha o que foste, doce visionário,
E fecha os olhos como um anjo doente!

Ando em meio de flores e de ninhos...

Ando em meio de flores e de ninhos,
— Gorjeios de aves, aromais de lírios...
As açucenas gostam dos velhinhos,
Estrelejam de branco os seus martírios.

Lençóis de neve dos mais alvos linhos
Bem cedo amortalharam meus delírios...
Como sonho com o céu, pelos caminhos
Segue-me sempre a luz de quatro círios.

A sombra vespertina do desgosto
(Como descamba tristemente o dia!)
Vestiu de luto as linhas do meu rosto...

Não sei se longe ou perto surge o porto:
Sei que aos poucos me morro em calmaria,
Pois não há ondas mais neste Mar-Morto...

Quando, às vezes, o ríctus do sarcasmo. . .

Quando, às vezes, o ríctus do sarcasmo
Me vem à flor dos lábios; quando, mudo,
Exilado da luz, fujo de tudo,
Uma voz celestial me deixa pasmo.

Alguém me diz: — "Rompeste o teu escudo,
Lutando pela fé: todo o entusiasmo
Que outrora tinhas é o senil marasmo
De uma alma triste a agonizar no estudo. . .

Vivendo sem saber por que é que vives,
Detém-te, ó tu que o espírito escureces
A resvalar pelos fatais declives. . ."

Levanto ao céu os olhos compassivos:
E eis-me contrito e bom, ouvindo as preces
Que os mortos rezam pelos que estão vivos.

140

Não me faleis de amor, nem das carícias...

Não me faleis de amor, nem das carícias
Com que a fronte do sol me atorçalastes...
As ilusões no mundo são fictícias;
As rosas pendem, sem cessar, das hastes.

Entre as pálpebras, em horas não propícias,
Morrem os olhos, onde os afogastes...
Só os astros brilham, como ideais delícias,
Eternamente, em perenais engastes.

Minh'alma vai seguindo, às vezes brusca,
Tranqüila às vezes; passa pelas portas
Como astro a que nenhuma luz ofusca.

Alquimista da morte, entre retortas
E cadinhos medievos, ando em busca
Da essência celestial das cousas mortas...

Cantar o que jamais fosse cantado...

Cantar o que jamais fosse cantado,
Dizer as sensações que ninguém disse!
É colher uma flor que só florisse
Para o seu sonho de anjo rebelado.

O homem chora, o homem geme, o homem sorri-se:
Quando o pranto, o gemido, o seu iriado
Sorriso tomba em seio muito amado,
Julga sentir o que ninguém sentisse.

Mas não há quem um coração de todo
Virgem amasse: por momentos tantos
A luz do sol reflete-se no lodo...

Olhos mortais, espelhos dos sentidos!
Ai como ingênuos sois! Os próprios Santos,
Antes de amar a Deus, foram traídos...

Viver com os olhos fitos no passado...

Viver com os olhos fitos no passado
Tem sido para mim a vida agora.
Quem saudades não tem da luz da aurora,
Quando agoniza o ocaso purpureado?

Os pássaros do amor, em vôo iriado,
Abrem as asas na amplidão sonora:
O perfume nostálgico de outrora
Traz à nossa alma luares de noivado.

Para quem sofre, para quem padece,
Nada melhor que o hinário de uma prece,
A soluçar na alcândora do sonho...

Por isso, a reviver os dias idos,
Toda a luz que me vem dos meus sentidos,
Por sobre as plagas celestiais deponho.

Vaga em redor de ti uma fulgência...

Vaga em redor de ti uma fulgência,
Que tanto é sombra quanto mais fulgura:
O teu sorriso, que é divino, vence-a,
E ela, que é luz de estrela, pouco dura.

De outra não sei que tenha a etérea essência
Que nos teus olhos brilha: nem a pura
Linha de arte de tal magnificência,
Como a que o rosto de anjo te emoldura.

Na candidez ebúrnea do semblante
Tens um lis de ternura, que desliza
À flor da pele em mágoa suavizante.

Não sei que manto celestial arrastas...
És como a folha do álamo que a brisa
Beija e balança ao luar das noites castas.

Visão das noites brancas

Quando ao luar noctívago desmaias,
Ó lírio albente, ó pálida açucena,
Todas as forças da ilusão terrena
Vêm amparar-te para que não caias.

Os olhos pela solidão espraias,
Ungidos no pesar da lua amena.
E há neles a canção, cheia de pena,
Que berça o mar e geme pelas praias.

O teu vulto de angélico duende
Se espiraliza em luz e se distende
No alvor que ninguém vê a não ser eu...

E entre o silêncio e a paz das minhas preces,
Diante do meu olhar desapareces,
Como o sonho de alguém que já morreu...

Sempre vivi com a morte dentro da alma...

Sempre vivi com a morte dentro da alma,
Sempre tacteei nas trevas de um jazigo.
A sombra que me envolve é eterna e calma,
E sigo sem saber quem vai comigo.

O fantasma que o coração me ensalma
Não me ouve mais as orações que digo.
Não existe no solo uma só palma
Pela alameda olímpica que sigo...

Vós que ao meu lado viestes, visionários
Da esperança! ficastes no caminho,
Envolvidos nas dobras dos sudários...

Que seria de mim, se eu não tivesse
O calor sub-alar do teu carinho,
Ó minha ânsia, ó meu sonho, ó minha prece!

Tentações medievais

Nos braços de satânicas efialtas,
De trasgos maus, de torvos pesadelos,
A monja passa as noites. Horas altas,
Quem bruxedos de amor pode contê-los?

Por que, lírio do altar, te sobressaltas?
Tens saudades, talvez, dos teus cabelos...
E mais padeces, quanto mais te exaltas
Em sonhos onde fulgem sete-estrelos.

Ergue o olhar para o céu: pede, ajoelhada,
Nos pesares que aos poucos te consomem,
Serenidade para os dias teus.

Jesus te mira na hóstia consagrada.
Ah! se te queima o seio o amor de um homem,
Ninguém o extinguirá, a não ser Deus...

Caminhei pelas gândaras desertas...

Caminhei pelas gândaras desertas
Do sonho em que vivia: o ocaso vinha,
Com refulgências tímidas, incertas,
Mostrar-me a estrada, quando eu me detinha.

Pairavam no ar as rosas entreabertas
Que ao sol florescem, quando se avizinha
A sombra. Nuvens de palor cobertas
Surgiam. Era o luar. Ó noite, és minha!

E dizia· — Viver eu posso agora,
Até que a morte venha amortalhar-me,
Outra vez, áurea túnica de aurora...

Posso sentir, em plena noite nua,
Todo o fluido vital que há no meu carme,
Que é como um beijo trágico da lua!

— "Este solar é meu! Este castelo. . .

— "Este solar é meu! Este castelo
A meus avós pertence!" — disse e, quedo,
Eu mirei-a, curvado como um velho,
Mas sem sombra de horror e nem de medo.

Mãos no montante de aço, talvez belo
Ficasse por momentos. . . "Sei que cedo,
Nesta agonia lenta em que me engelho,
Tombarei como folha do arvoredo. . ."

E ela, agitando no ar os braços brancos,
Caminhou para mim, sublime e forte. . .
Fogos-fátuos luziam-lhe nos flancos.

Vi que estava no reino dos defuntos.
— "Se este solar é teu", disse-me a morte,
"Repoisa em paz, que dormiremos juntos!"

Ninguém anda com Deus mais do que eu ando...

Ninguém anda com Deus mais do que eu ando,
Ninguém segue os seus passos como sigo.
Não bendigo a ninguém, e nem maldigo:
Tudo é morto num peito miserando.

Vejo o sol, vejo a lua e todo o bando
Das estrelas no olímpico jazigo.
A misteriosa mão de Deus o trigo
Que ela plantou aos poucos vai ceifando

E vão-se as horas em completa calma.
Um dia (já vem longe ou já vem perto?)
Tudo que sofro e que sofri se acalma.

Ah se chegasse em breve o dia incerto!
Far-se-á luz dentro em mim, pois a minh'alma
Será trigo de Deus no céu aberto...

Reminiscência de um dramalhão antigo

Senhora! espero visitar-te um dia,
Por uma tarde pálida de março.
Não mais dirás, a escarnecer-me fria:
— "O meu amor bem longe vaga esparso!"

A vingança do morto, eis a sombria
Peça: diante do teu olhar tão garço,
Alongarei — fantasma em agonia —
Fêmur e tíbia, tarso e metatarso...

Um passo de minuete, extraordinário:
E surgirei como talhado em neve,
Despindo-me da capa, o meu sudário.

— "Espectro vil!" dirás, no extremo arranco.
Mas hás de amar-me, num lampejo breve,
Vendo-me assim gentil, todo de branco...

Eu irei para a cova tão sequinho...

Eu irei para a cova tão sequinho,
Que ninguém como fui me reconheça.
E alguém dirá, mirando-me a cabeça:
— "Dos meus sonhos também era este o ninho."

Mendigo, ancião, pobrinho que apareça
Neste ponto final do meu caminho,
Há de benzer-me o esquife de mansinho
Como áurea bênção que das auras desça.

Mais perfumado do que um pé de mirto,
No sonho que na morte se prolonga,
Hei de jazer nas brumas do meu horto.

E ao ver-me assim tão gélido, tão hirto,
Entrarei na profunda noite longa,
Para o céu, vivo — para o mundo, morto...

Não quisera sofrer esta agonia. . .

Não quisera sofrer esta agonia
Que a cada instante os dias me acabrunha. . .
Mas ponho agora, como outrora punha,
Toda a esperança em ti, Virgem Maria.

Osso a osso, dedo a dedo, unha por unha,
Uma tenaz de ferro me crucia.
Sumiram-se, ao clarão da lua fria,
As dúlias e hiperdúlias que eu compunha.

Quem se atreve a jungir ao fogo eterno
A alma que veio da espiral do inferno
Até os lírios do fulgor de Deus?

Jesus! sofra eu pesares sobre-humanos. . .
Venham-me enganos sobre desenganos,
Mas que inda eu creia nos milagres teus. . .

Virgem Maria

Vós que fostes o angélico dulcedo,
A encher-me o peito de eternal conforto;
Que me mostrastes o divino porto
Onde caminham anjos em segredo;

Que me guiastes às vésperas deste horto,
Onde tremo de frio, e não de medo;
Que hoje triste me vedes (fui tão ledo!),
Pendido à terra como um lírio morto;

Vós, Rainha do Céu, doce Maria,
Sobre mim abaixai os olhos santos,
Cheios da luz da Dolorosa-Via:

Para alívio dos meus pesares tantos,
Dai-me para rezar nesta agonia
O rosário dos vossos próprios prantos!

Por uma estrada de astros vou subindo...

Por uma estrada de astros vou subindo,
Túnica em luz, em luar as alpercatas...
O argênteo sol, que em ouro tinha vindo,
É branco escrínio das mais alvas pratas.

Ante os meus olhos, o horizonte infindo
Tem imagens de quietações beatas.
Sonho arcanjos de amor ideal, fruindo
Os beijos das paixões intemeratas...

Os círculos fatais, ei-los transpostos:
Abro as asas de espectro rebelado,
Olhos além, os braços em cruz postos...

O silêncio infinito não me aterra,
Mas a dúvida põe-me alucinado...
Se encontro o céu deserto como a terra!

O sino

Na torre esguia há séculos demoro,
Alerta a todo alarma de agonia.
Vedeta eril, com que clamor sonoro
Sigo as almas na noite erma e sombria!

Festivo como um pássaro canoro,
Canto às vezes. Sou corvo e cotovia.
Saudando a vida e a morte, louvo e choro
O despontar e o anoitecer do dia...

Sol a pino, quanta algazarra, quanta!
Há nos sons que me trinam na garganta,
Subindo ao céu para descer depois...

Mas com que dor meus crebros dobres planjo,
Quando se fina um poeta, ou morre um anjo,
Que anjos são afinal ambos os dois!

Magnificat

(Cântico de Nossa Senhora)

Ao Senhor a minh'alma engrandece, prostrada;
Meu espírito exulta em Deus meu Salvador,
Pois que os olhos volveu para a ancila humilhada
    Diante do seu resplendor:

Porque o olhar sobre a sua humilde escrava lança,
Todas as gerações, nos séculos sem fim,
A Eleita celestial da Bem-aventurança,
    Me chamarão sempre a mim:

Em mim prodígios fez o Onipotente: Santo
O nome tem: de geração em geração,
Da áurea misericórdia estende o suave manto
    Aos que tementes lhe são:

Mostrou-nos o poder do seu Braço: aniquila
A soberba, Esse que beata me formou:
Abate a quem se orgulha, e a sua Mão tranqüila
    Os humildes exaltou:

Enriquece de bens o indigente, e o opulento
Deixa, pobre, de porta em porta mendigar:
Os filhos de Israel livra do sofrimento,
    Ele que os veio amparar:

Assim como anunciado estava, e era a promessa
Que já de nossos pais até hoje nos vem,
Feita a Abraão, **ab aeterno,** e aos descendentes dessa
Sacrossanta Estirpe. Amém.

Sonhos idos

A Júlio Mourão

A noite, quando vem, e o mar soluça,
Minh'alma sobre as ondas se debruça...
E vê passar, impávidas e belas,
As de outrora ultra-reais caravelas.

— Sonhos idos! sonhos idos!
Por que inda perturbais os meus sentidos?

Deixai que durma em paz o corpo morto,
Pois nem no céu há de haver conforto
Para quem nesta vida padeceu...
Foste tu, meu amor? Fui eu! Fui eu!
E na lousa sombria do passado,
Como um sonho alado,
Toda a minha esperança andou gemendo...
Eu via os dias que se foram.
Ah! a ilusão que os astros douram,
No momento tremendo
Em que a noss'alma para o azul se eleva
Para depois cair nos báratros da treva!
Instante que nos pasma
Como se fora a aparição de atro fantasma
Estendendo sudários pelo espaço...

E a alma me diz: Sobre o teu corpo esvoaço
Como um abutre...
Morre afinal, pois que de mim se nutre
Tua carne, teus músculos, teus ossos,
Ao som funéreo de padre-nossos...

— Sonhos idos! sonhos idos!
Por que inda perturbais os meus sentidos?

Últimos versos

Na tristeza do céu, na tristeza do mar,
    eu vi a lua cintilar.
Como seguia tranqüilamente
por entre nuvens divinais!
    Seguia tranqüilamente
    como se fora a minh'Alma,
        silente,
        calma,
        cheia de ais.
A abóbada celeste,
    que se reveste
de astros tão belos,
era um país repleto de castelos.
E a alva lua, formosa castelã,
      seguia
envolta num sudário alvíssimo de lã,
    como se fosse
a mais que pura Virgem Maria...
    Lua serena, tão suave e doce,
    do meu eterno cismar,
anda dentro de ti a mágoa imensa
    do meu olhar!

Vaga dentro de ti a minha crença,
　　ai! toda a minha fé,
como as nuvens de incenso que vagueiam
　　por entre as aras de uma Sé...
Como as nuvens de incenso que coleiam
　　e fogem rapidamente
　　até o teto das catedrais,
　　dentro de ti, numa espiral silente,
　　vão gemendo os meus ais.
Mais uma vez a mágoa imensa
　　do teu clarão,
veio, tremendo na onda clara e densa,
　　até meu coração.
E pude ver-te, contemplar-te pude,
　　como a imagem da virtude
　　e da pureza,
　　cheia de luz,
　　como Santa Teresa
　　de Jesus!

ÍNDICE

Alphonsus de Guimaraens e sua poesia 7

De **KIRIALE:**

Initium 15
Luar sobre a cruz da tua cova 17
Ocaso (Impressões de vésperas de Finados) 18
Náufrago 21
Succubus 22
Santo Graal 23
S. Bom Jesus de Matozinhos 24
Ó lábios que sereis de lodo e poeira 28
Braços abertos, uma cruz... Basta isto 29

De **DONA MÍSTICA:**

Celeste... É assim, divina, que te chamas 30
Pálida, de uma palidez sublime 31
Foi assim que eu a vi. Desse momento 32
Jesus eu sei que ela morreu. Viceja 33
O mistério imortal das olheiras de opala 34

163

Quantas vezes no caos destes meus longos dias 35
Encontrei-te. Era o mês... Que importa o mês?
   agosto 36
Nem luz de astro nem luz de flor somente: um
   misto 37
Rimance de Dona Celeste 38
Noiva 41
Canção de núpcias 44
A suave castelã das horas mortas 45
Ouvindo um trio de violino, violeta e violoncelo 46
Quando por mim passaste 47
Ária do luar 48
Lua-nova 50

De **CÂMARA-ARDENTE:**

Portas de Catedral em Sexta-feira Santa 52
Olhos sublimes, onde os anjos cantam salmos .. 53
Hirta e branca... Repousa a sua áurea cabeça .. 54
Caiu sobre o teu corpo a última pá de terra 55
Responsorium 56

De **SETENÁRIO DAS DORES DE NOSSA-SENHORA:**

Antífona 58
Nossa-Senhora vai... Céu de esperança 60
Em teu louvor, Senhora, estes meus versos 61
Mãos que os lírios invejam, mãos eleitas 62
Doce consolação dos infelizes 63
É Sião que dorme ao luar. Vozes diletas 64
Nossa-Senhora encontra-O... Se não fora 65
Se puderas, Senhora, nesse instante 66
De mim piedade vós tereis. Bem ledes 67
O teu nome, Senhora, é a estrela da alva 68
Portas do Céu que dais para a outra vida 69
Epífona 70

De **PASTORAL AOS CRENTES DO AMOR E DA MORTE:**

O brasão 72
O amor tem vozes misteriosas 75
Quando o ocaso, triste, vinha 76

165

Dueto de amor 77
É uma lua de acompanhar-se enterros 79
Ando colhendo flores tristes 80
Ai! flores para enfeitar-te o leito 81
Olhos 82
Cisnes brancos 84
Minh'alma é a torre de uma igreja 86
Coro de arcanjos para os teus ouvidos 88
Serenada 91
Ó poente que te vais em sombras mortas 94
O cinamomo floresce 95
Existem junto da fonte 96
Trovador, as tuas trovas 97
Ismália 101
Vila do Carmo 102
Vagueiam suavemente os teus olhares 104
Aliança 105
Ficávamos sonhando horas inteiras 106
Rosas 107
Era noite de lua na minh'alma 108
Hão de chorar por ela os cinamomos 109
Immaculata 110

Seremos como dois lírios enfermos 111
Estão mortas as mãos daquela Dona 112
Se eu a visse descer da escadaria 113
A aurora loira que me guiava os passos 114
Lua das noites pálidas! alheia 115
Lunático 116
Meus pais 117
Como se moço e não bem velho eu fosse 118
A dor de quem recorda os tempos idos 119
A catedral 120

De ESCADA DE JACÓ:

Quando, na sombra espessa em que eu vivia, a
  calma 122
O pesar de não tê-la encontrado mais cedo 123
Bons tempos 124
Segues para a imperial cidade dos pés juntos ... 125
Suicidas de amor 126
E os bárbaros uivando (eram mais que selvagens) 127
A silenciosa paz do branco eremitério 128
Sun down 129

Acostumei de há muito os meus olhos, coitados 130
O mosteiro do céu tem virgens mais que santas 131
De outro poente de luz, de outro luar de ventura 132
O Poeta deve ter dentro da alma estelada 133
Deus é a luz celestial que os astros unge e veste 134
Bate-me o coração dentro do pobre peito 135
Os olhos meigos da Esperança que não volta ... 136

De **PULVIS:**

Entre alvas açucenas olvidado 137
Quando eu for bem velhinho, bem velhinho ... 138
Ando em meio de flores e de ninhos 139
Quando, às vezes, o ríctus do sarcasmo 140
Não me faleis de amor, nem das carícias 141
Cantar o que jamais fosse cantado 142
Viver com os olhos fitos no passado 143
Vaga em redor de ti uma fulgência 144
Visão das noites brancas 145
Sempre vivi com a morte dentro da alma 146
Tentações medievais 147
Caminhei pelas gândaras desertas 148

— "Este solar é meu! Este castelo 149
Ninguém anda com Deus mais do que eu ando .. 150
Reminiscência de um dramalhão antigo 151
Eu irei para a cova tão séquinho 152
Não quisera sofrer esta agonia 153
Virgem Maria 154
Por uma estrada de astros vou subindo 155
O sino 156
Magnificat 157
Sonhos idos 159
Últimos versos 161
Biobibliografia 171

Alphonsus de Guimaraens, pseudônimo literário de Afonso Henriques da Costa Guimarães (que a partir de 1894 passou a assinar-se oficialmente Afonso Henriques de Guimarães), nasceu em Ouro Preto, MG, em 24 de julho de 1870, filho do comerciante português Albino da Costa Guimarães e da sobrinha materna de Bernardo Guimarães, D. Francisca de Paula Guimarães Alvim.

Fez o estudo secundário e exames preparatórios no Liceu Mineiro, da terra natal. Matriculou-se no Curso Complementar da Escola de Minas de Ouro Preto em 1887, quando já namorava Constança, filha de Bernardo Guimarães. Em 1888 faleceu Constança, em plena adolescência, causando a sua morte grande mágoa ao jovem poeta.

Matriculou-se Alphonsus em 1891 na Faculdade de Direito de São Paulo, transferindo-se em 1893 para a 3ª série do curso da Academia Livre de Direito de Minas Gerais, em Ouro Preto, por onde colou grau em 15 de julho de 1894.

Voltando à Paulicéia, concluiu em fins de 1894 a terceira série de ciências sociais, cujo grau recebeu em 8 de janeiro de 1895, na Secretaria da Faculdade de Direito de São Paulo.

Em 1895 esteve no Rio de Janeiro, quando conviveu com Cruz e Sousa. Ainda nesse ano foi nomeado promotor de Justiça de Conceição do Serro e, logo após, juiz substituto. Em 1896 ficou noivo de Zenaide, filha do capitão João Alves de Oliveira, escrivão da Coletoria Estadual, casando-se em 20 de fevereiro de 1897.

Em 1903, suprimido o cargo de juiz substituto, assumiu a direção do jornal Conceição do Serro. *Em 1904 foi de novo nomeado promotor de Justiça da Comarca, deixando a direção do jornal. Em 1906 foi nomeado juiz municipal de Mariana, para onde se transferiu, com a esposa e cinco filhos. Em Mariana lhe nasceram mais dez filhos.*

Em 1915 esteve em Belo Horizonte, para encontrar-se com o seu grande amigo Severiano de Resende. Foram os dois poetas homenageados pelos intelectuais belorizontinos. Em maio de 1921, faleceu sua filhinha Constança, nascida no ano anterior. O Poeta, já combalido, faleceu dois meses depois, em 15 de julho. Sepultado no cemitério da Igreja de Nossa Senhora do Rosário, foram seus despojos transferidos em 1953 para extensa área do Cemitério Municipal, anexo à Igreja de Sant'Ana, onde o governador Juscelino Kubitschek os fez recolher a um mausoléu, inaugurado oficialmente em 13 de dezembro desse ano, em tocante solenidade, que levou a Mariana autoridades e ilustres escritores brasileiros. Em 1974, o Governador Rondon Pacheco desapropriou a casa em que faleceu o Poeta, para nela ser instalado o Museu Alphonsus de Guimaraens, já em pleno funcionamento a partir de 1987, quando foi solenemente inaugurado.

Alphonsus de Guimaraens é patrono da Academia Mineira de Letras.

POESIA

Kiriale — Porto, Tipografia Universal, 1902.

Dona Mística — Rio de Janeiro, Tipografia de Leuzinger & Cia., 1899.

Setenário das Dores de Nossa-Senhora e Câmara Ardente — Rio de Janeiro, Tipografia de Leuzinger & Cia., 1899.

Pauvre Lyre, versos franceses. Ouro Preto, Editora Mineira Paulo Brandão & Cia., 1921.

Pastoral aos Crentes do Amor e da Morte — São Paulo, Monteiro Lobato & Cia., 1923. Edição organizada por João Alphonsus.

Poesias — Rio de Janeiro, Ministério da Educação e Saúde, 1938. Contém, publicadas pela primeira vez em livro, as obras *Nova Primavera, Escada de Jacó* e *Pulvis.* Edição dirigida e revista por Manuel Bandeira e organizada e anotada por João Alphonsus.

Poesias — 2.ª edição revista e aumentada por Alphonsus de Guimaraens Filho, Rio de Janeiro, Organização Simões, 1955.

Obra Completa — Contém, além da obra poética e da prosa, *Documentário,* incluindo *Outras Poesias, Salmos da Noite, Versos Humorísticos, Crônicas de Guy d'Alvim* e *Epistolário* e, em apêndice, "Notas e Variantes" e "Bibliografia".

Rio de Janeiro, Companhia José Aguilar Editora, 1960. Organizada por Alphonsus de Guimaraens Filho.

Cantos de Amor, Salmos de Prece — Poemas escolhidos. Organização e seleção de Alphonsus de Guimaraens Filho. Rio de Janeiro, Companhia José Aguilar-MEC, 1972.

Poesia — Na Coleção "Nossos Clássicos", edição organizada por Gladstone Chaves de Melo. Rio de Janeiro, Livraria Agir Editora, 1958.

PROSA

Mendigos — Ouro Preto, Tipografia da Casa Mendes, 1920.

COLEÇÃO MELHORES CONTOS

ANÍBAL MACHADO
Seleção e prefácio de Antonio Dimas

LYGIA FAGUNDES TELLES
Seleção e prefácio de Eduardo Portella

BRENO ACCIOLY
Seleção e prefácio de Ricardo Ramos

MARQUES REBELO
Seleção e prefácio de Ary Quintella

MOACYR SCLIAR
Seleção e prefácio de Regina Zilbermann

MACHADO DE ASSIS
Seleção e prefácio de Domício Proença Filho

HERBERTO SALES
Seleção e prefácio de Judith Grossmann

RUBEM BRAGA
Seleção e prefácio de Davi Arrigucci Jr.

LIMA BARRETO
Seleção e prefácio de Francisco de Assis Barbosa

JOÃO ANTÔNIO
Seleção e prefácio de Antônio Hohlfeldt

EÇA DE QUEIRÓS
Seleção e prefácio de Herberto Sales

MÁRIO DE ANDRADE
Seleção e prefácio de Telê Ancona Lopez

LUIZ VILELA
Seleção e prefácio de Wilson Martins

J. J. VEIGA
Seleção e prefácio de J. Aderaldo Castello

JOÃO DO RIO
Seleção e prefácio de Helena Parente Cunha

IGNÁCIO DE LOYOLA BRANDÃO
Seleção e prefácio de Deonísio da Silva

LÊDO IVO
Seleção e prefácio de Afrânio Coutinho

RICARDO RAMOS
Seleção e prefácio de Bella Jozef

MARCOS REY
Seleção e prefácio de Fábio Lucas

SIMÕES LOPES NETO
Seleção e prefácio de Dionísio Toledo

HERMILO BORBA FILHO
Seleção e prefácio de Silvio Roberto de Oliveira

BERNARDO ÉLIS
Seleção e prefácio de Gilberto Mendonça Teles

AUTRAN DOURADO
Seleção e prefácio de João Luiz Lafetá

JOEL SILVEIRA
Seleção e prefácio de Lêdo Ivo

JOÃO ALPHONSUS
Seleção e prefácio de Afonso Henriques Neto

ARTUR AZEVEDO
Seleção e prefácio de Antonio Martins de Araújo

RIBEIRO COUTO
Seleção e prefácio de Alberto Venancio Filho

OSMAN LINS
Seleção e prefácio de Sandra Nitrini

ORÍGENES LESSA
Seleção e prefácio de Glória Pondé

DOMINGOS PELLEGRINI
Seleção e prefácio de Miguel Sanches Neto

CAIO FERNANDO ABREU
Seleção e prefácio de Marcelo Secron Bessa

EDLA VAN STEEN
Seleção e prefácio de Antonio Carlos Secchin

FAUSTO WOLFF
Seleção e prefácio de André Seffrin

AURÉLIO BUARQUE DE HOLANDA
Seleção e prefácio de Luciano Rosa

ALUÍSIO AZEVEDO*
Seleção e prefácio de Ubiratan Machado

ARY QUINTELLA*
Seleção e prefácio de Mônica Rector

PRELO*